舵手证券图书
www.zqbooks.com

知识领航财富人生

舵手俱乐部　www.duoshou108.com

个人投资者外汇交易技巧

凯茜·莲恩　玛丽莲·麦克唐纳 等　著

高海嵘　张艺博　译

山西出版传媒集团
山西人民出版社

图书在版编目(CIP)数据

个人投资者外汇交易技巧 / (美)莲恩等著；高海嵘,张艺博译. — 太原：山西人民出版社, 2016.4
ISBN 978-7-203-09476-0

Ⅰ. ①个… Ⅱ. ①莲… ②高… ③张… Ⅲ. ①外汇交易-基本知识 Ⅳ. ①F830.92

中国版本图书馆 CIP 数据核字(2016)第 003647 号
著作权合同登记号：图字：04-2016-002

个人投资者外汇交易技巧

著　　　者：	(美)凯茜·莲恩　玛丽莲·麦克唐纳　等
译　　　者：	高海嵘　张艺博
责任编辑：	翟丽娟
出　版　者：	山西出版传媒集团·山西人民出版社
地　　　址：	太原市建设南路 21 号
邮　　　编：	030012
发行营销：	0351-4922220　4955996　4956039　4922127(传真)
天猫官网：	http://sxrmcbs.tmall.com　电话：0351-4922159
E-mail：	sxskcb@163.com　发行部
	sxskcb@126.com　总编室
网　　　址：	www.sxskcb.com
经　销　者：	山西出版传媒集团·山西人民出版社
承　印　者：	大厂回族自治县德诚印务有限公司
开　　　本：	710mm×1000mm　1/16
印　　　张：	12.75
字　　　数：	200 千字
印　　　数：	1-5100 册
版　　　次：	2016 年 4 月　第 1 版
印　　　次：	2016 年 4 月　第 1 次印刷
书　　　号：	ISBN 978-7-203-09476-0
定　　　价：	39.00 元

如有印装质量问题请与本社联系调换

前　言

许多市场都因关税保护、税收和法律而存在贸易壁垒，以致影响或限制货物或服务的交易，与之形成鲜明对比，一种货币与另一种货币的交易则是最自由的投资——外汇交易有着最少的限制和最大数量买家、卖家，能形成更透明和更易于访问的价格。

外汇交易门槛低、24小时交易、回报较高，但它也是一柄双刃剑：如果没有掌握相关知识，投资者在极速变化的汇率面前就会处于危险之地，极易遭受严重损失。

外汇交易是一种技术性很强的交易，了解协同使用外汇的策略、最大限度地利用市场波动，是投资者的必修课。

一种货币与另一种货币之间的交易是有章可循的过程，两种货币之间的差别在于，借入一种货币对比借出另一种货币的差额，这种花费或者收益，使得一种货币比另一种货币更有价值，直至一种货币的价格上涨至同等水平。

一种货币相对于另一种货币的瞬时价格，取决于好几个因素，一些因素是蓄意而为之的，而另一些则不是，比如预期的货币供给、利率和政府的积极行动，或者不作为，这些因素彼此息息相关，共同为那些希望承担风险的投资者提供了交易机会。

从根本上讲，交易一个国家的货币，就是在交易一个国家的未来。

一方面，如果一个国家限制其货币的自由交易，它同时也限制了其对货物和服务的需求，这会使其货币价值降低，而且，国家对商品和服务需求的减少会使经济发展遭受损失，使国民生活水平降低；另一方面，一个国家在利率和货币供应方面政策的改变，会立即影响到贸易平衡、经济以及整个国民的生活水平。比如，当某国政府尝试通过多印钞票来增加货币供给时，或通过举债来刺激经济时，在短期内这种行为确实刺激了经济的发展，但是该国的商品因货币供给的增加而在国外市场变得更便宜，其货币也会贬值。

当国际贸易活动既没有被贸易壁垒所限制，也没有被鼓励时，自由交易才会出现，而对于价格的决定，往往源于市场供需关系的自行运作。说到底，决定交易外汇的理由非常简单：一种货币的买家相信，该货币的价值相比于其卖出货币的价值会增加。当一种货币被高估时，有无数种可变的交易观点参与交易决策，这些观点和观点的力量形成了对一种货币相对另一种货币相对价值的支撑，导致一个价格上涨而另一个价格下跌。进一步讲，外汇交易者不需要跟踪几百只股票或商品去找对市场的感觉，而只要跟踪美元、日元、欧元、英镑、加元、澳元、新西兰元和瑞士法郎这8种主要货币的趋势就行。

外汇交易市场既然是各方齐聚之地，那是否也存在类似股市"庄家"的角色？

不存在。

外汇投资的参与者，可能是政府、企业、投资资金或单个投机者中的任何一方，但无论是政府、大的公司或个人投资者，单个的个体都不能驱动外汇市场运行，因为任何个体关于特定主体的认知视野都有局限性。外汇市场的魅力就在于，所有各方观点的混合推动着市场，创造出流动性和公平的价格。

以"坚信没有人可以操纵市场"为基础，投资者才能信心十足地做出交易决策。

现在，外汇交易已不再是大人物的专享，而是全球最活跃、最易进入和流动性最好的市场，为有投资意愿的任何人敞开大门；同时要认识到，虽然外汇交易获利潜力无限，但杠杆太高导致的交易风险，也必须引起重视。学习相关知识和技术，深入了解外汇交易行业，对个人投资者来说尤为重要。

说到学习外汇交易技巧，必须明确学什么：真正算得上是财富的知识，都是多种观点碰撞后形成的新见解。本书所采用的投资理念，正是源于诸多市场专家（这些专家都具有完全不同的投资经验和理念）观点的整合，本书也阐述了对外汇市场产生深远影响的诸多因素的差异性和多样性，这些知识一定能帮助投资者在规避风险的同时获取最大收益！

影响战机、触动国家的金融和不同国家的股市运行,以及商品贸易瞬间走向的大事件,都是外汇作者仔细琢磨和分析的对象,其中任何一个要素或整体都会对货币交换轨迹产生深远作用。

——阿尔伯特·惠特克,经济学家

目 录

第一篇 外汇基本知识 ······1

第1章 外汇交易的基本要点 ······3
第2章 外汇交易：有钱能使鬼推磨 ······9
第3章 现货外汇：不同的游戏 ······17
第4章 各位，发动外汇引擎吧 ······21
第5章 外汇演变和新兴市场 ······27
第6章 为外汇交易做准备 ······34
第7章 自己下功夫：走技术路线 ······40

第二篇 货币：独特的交易工具 ······49

第8章 别滑倒：在电子化外汇下单中处理滑点 ······51
第9章 外汇系统：控制交易速度 ······56
第10章 运用黑市经验 ······60
第11章 外汇交易时间段的神秘节奏 ······67
第12章 交易交叉盘 ······73
第13章 全球央行 ······77
第14章 交易外汇外来品种：冒一把险 ······83
第15章 学习交易货币期权 ······89

第三篇 外汇交易策略 95

第16章 午休交易：日交易货币市场 97
第17章 日交易即期外汇时三思而行 104
第18章 交易错误：避免外汇陷阱 110
第19章 发现外汇交易趋势 116
第20章 外汇市场运行的多米诺效应 123
第21章 忽视外汇基本面的后果自负 130
第22章 像杰西·利弗莫尔交易股票那样交易外汇 137
第23章 外汇市场的连锁反应突出 145
第24章 外汇套息交易有妙招 152
第25章 交易欧元：关注它、挤压它、爱它、离开它 159
第26章 根据外汇特性定制自己的技术方法 168
第27章 用艾略特波浪找到制胜先机 177

术语表 183

第一篇　外汇基本知识

外国货币交易市场，即常说的外汇交易，是全球最大且流动性最好的市场。

但并非一直如此，货币自由流动已经演化了多年，而只有在20世纪70年代美国最终放弃黄金标准时才开始声势浩大。外汇交易常年仅限于央行和机构交易商，近几年才向个人交易者开放，而且由于线上交易在20世纪90年代的出现，现在即使投入很少的资金，个人交易者也有可能进行交易和投资外汇了。

外汇交易是个独特的市场，24小时开放、低佣金、高杠杆、参与者遍布全球，这些特征使货币交易不同于其他市场，规则、方法和交易操作都不一样。

全球外汇交易已经挽回了丢失的时间，交易量呈指数级增长，比过去30年里每个10年的两倍还多。据国际清算银行报道，2007年4月全球外汇交易市场的日平均交易量达到4万亿美元。

本书的第一部分介绍外汇交易的基础知识，包括向个人交易者开放的主要市场，即期外汇市场及期货和期权外汇市场。外汇交易的顶级专家会解释关键术语和常用方法，并介绍在开始进行外汇交易时需要的其他信息。

达瑞尔·乔博曼和彼得·罗森斯垂克会从历史角度回顾外汇市场的演变，解释这一行业如何走到今天的地位。玛丽莲·麦克唐纳介绍了开发外汇交易计划的重要性，并帮你找到自己的方法。

第1章　外汇交易的基本要点

大卫·肯德尔　博士

迈克尔·山考斯基

特许金融分析师，特许另类投资分析师

外汇交易市场是全球最大的市场，每天的交易量超过4万亿美元，流动性很高，交易连续——一周7天、一天24小时不休。

简单来说，外汇交易就是一国货币按照特定利率兑换为另一国家货币，这种交易在全球无数的地方进行，交易和市场类型各式各样，数不胜数。外汇交易本来是为了让银行和机构间的外币兑换更简洁和电子化，却成就了现有最活跃、最有风险（有待商榷）的零售市场。

外汇市场乍一看或许毫无章法、错综复杂，特质无法理清，动机阴险，但对此有了一些基本了解之后，我们发现对待外汇交易会与股票交易一样熟悉，而且前者波动性和流动性更大。

外汇交易是什么

如上所述。外汇交易就是依约定的汇率将一种货币兑换为另一种货币。例如，我可能会以 1.3674 的汇率卖掉欧元，也就是说，我给你 1 欧元，而你要给我 1.3674 美元。当然，外汇交易量不会这么小，柜台交易一般是卖出 100 万欧元，换取 1 367 400 美元。如果汇率上涨到 1.3675，交易人或许会把 100 万欧元卖回给我，而我还要多付给他 100 美元才能获得权益；如果汇率变为 1.3673，那该交易人的账上就会少 100 美元。

为了免除写"欧元"和"美元"的麻烦，外汇交易商给每种货币编了代号，欧元就写为 EUR，美元就是 USD，两者的汇率就表示为 EUR/USD。有意思的是，这就意味着一欧元兑换几美元，而不是反过来。日元汇率的标准写法是 USD/JPY，注意这就与欧元的写法相反，原因是汇率的等级分类。表 1-1 是所选货币在即期市场的写法，以及其与美元的互动关系。

表 1-1　货币与美元的互动情况

货币	即期市场兑换	比其他货币走强	比其他货币走弱
欧元	EUR USD	卖	买
英镑	GBP USD	卖	买
澳元	AUD USD	卖	买
瑞士法郎	USD CHF	买	卖
日元	USD JPY	买	卖
加元	USD CAD	买	卖

外汇交易与在国外兑换货币不同。具体来说，交易外汇是借一种货币购买另一种货币并存在银行里，因此严格来说，要支付借入货币的利息，并获得所购买货币的利息，这就意味着，最终赚取或获得的是外汇头寸的净利润额。某些类型的投资人会用低利息货币兑换高利息货币，并持有获取长期应计利息，我们称之为套息交易，这种做法在对冲基金中很流行。

外汇交易的特征之一就是高杠杆率，这使得套息交易有机可乘，并使外汇交易充满刺激。在股票交易中，如果有 50 000 美元交易资本，就可以借到 50 000 美元，总计用 100 000 美元交易，因此就是 50% 的保证金，2 倍的杠杆；在期货市场，保证金可能是交易价值的 10% 或更低；在外汇市场，保证金可以低至 1%。高杠杆交易显然可以产生巨额回报，当然前提是交易对交易人有利。但如果交易对交易人不利，那后果可就难受得多了，交易人可能会被要求追加保证金，否则就被迫清仓。应该谨慎考虑运用杠杆水平，要与风险承受力和投资组合管理目标相适应。

交易策略

外汇交易人与其他交易人一样划分为两大阵营：基本面派和技术分析派。基本面派交易人关注货币价值的基本指数，寻找定价错误，借机买卖；技术派交易人留意利率的运行曲线，根据以往利率预测未来利率。

交易人用到的基本面分析有好几种，每种都是要确定两个国家经济状况的力量强弱，也就是相关汇率，汇率会影响一国的货币政策甚至政治状况，偏离于当前价值就代表着交易机会。鉴于各个国家、经济体和其他因素的信息量之巨大和多样，用货币价值确定外汇汇率这种方法用起来困难重重。

在证券市场，对基本面分析有效性的争论莫衷一是，因为如果在证券定价时运用到所有相关信息，市场的有效性至少可达到50%。在外汇市场，市场规模和参与人数都非常庞大，看起来不可能发现错误定价的情况，话虽如此，一些大名鼎鼎的交易人就是因为找到了定价错误的货币而身家百亿，众所周知的乔治·索罗斯就是一例。

购买力平价这种流行基本面方法赖以确立的基础就是，无论产品的产地、税负和其他费用有多少，成本都应该是一样的。购买力平价理论衡量一篮子产品在两个国家的成本并将其与汇率进行比较，比如一篮子食品在英国值20英镑、在美国值40美元，那么英镑/美元的汇率就是2（记得吗？基于即期市场的转换，这就意味着2美元换1英镑）。如果实际汇率低于2，交易人就有买入机会；如果高于2，就有卖出机会。在现实中，这些机会很少，需要交易人费点力寻找。虽然回调可能对交易人有利，但不敢保证何时回调，甚至回调前定价错误还会进一步加剧。因此交易人需要备有大量资金，以防在等待利率最终回归时的变动对自己暂时不利。

技术交易的各种方法都是跟踪过去的价格，并用其预测未来价格走势，其中包括纯技术交易方法和统计分析方法，这些都或多或少属于跟踪移动均线方法。移动均线交易就是对某一时段的价格进行平均，然后在价格穿过均线时开始交易。这样操作的有效性在于价格上涨时，会推动移动均线随之提高，反之亦然。如果在价格大幅波动时跟随移动均线，交易人就会收获巨额回报，这样就会补偿移动均线被反复快速穿过时（其被称为锯齿运行）发生的损失。

但如果交易人没抓住技术信号或跟随移动均线的当年波动性很大，损失就会非常惨重。这种方法运用起来对原则性的要求也很高，如果交易人猜测交易信号会引发锯齿运行而不出手交易，在事实与此相反时，他就落入亏损境地。

外汇即期市场

外汇交易主要在两个市场进行，第一个也是最大的市场是场外市场，即即期市场，在这里交易人可以彼此兑换货币，同时承担另一方无法履行义务的风险。很多情况下，交易的对手方是银行或大型组织，交易风险很小。其他情况下的对手方就是个人或小型不受管制的交易平台，风险就可能非常大（而且等到知道风险大小时就为时已晚了）。

但是，小型交易中对手方风险的最大影响不在于交易平台会违约——虽然这会、也的确有发生，而在于场外交易平台向小型交易人收取的高额平台费用，用以担保小型交易人无法控制交易债务的风险。场外交易平台的管理方式有三种：固定交易价差、宽松利息价差和头寸自动止损。

在受管制的期货或证券市场，价差根据不同交易方愿意买卖的合约或股票价格变化而变化，在流动性好的市场，由于大量交易人有不同的理想价格，价差缩小，交易依照这些价格执行时，更多的价格会涌上来填补空位。但在零售场外交易平台，价差是由平台确定的，因此平台就能从交易买卖方的不同价格中获利，而不承担一点风险。中端市场的限价订单不显示，只有在平台的市场运行达到该限价时才会成交。

如果用日利息进行货币支付，平台就必须用到利率，利率的价差微乎其微，除非有什么大事件导致巨大的不确定性。但一些平台会将价差

第1章 外汇交易的基本要点

拉大几个点,以使他们支付长期持有货币的利率大大低于他们的贷款利率。还有的平台更狠,每晚都会平仓,客户每天持有和重开仓位的买卖盘价差都要缴费。

最后,如果交易人头寸亏损,保证金账户资金又不足的话,一旦市场价格稍低于预先设定的最低额,场外交易平台一般都会平仓,交易人没机会增资,也就甭指望仓位会立即反转,在市场波动时期更别想能等到闭市。一旦市场价值与价格交叉,交易就结束,交易人就成了穷光蛋,这样平台就不会由于资金不足的交易人退市发生巨亏。

另一方面,外汇的柜台交易市场操作容易,杠杆率高。屏幕上的价格是即期汇率,交易人每持有该交易一天,就赚取(或亏损)一小笔利息。这一系统下的交易价格和交易市场没什么令人迷惑不解的地方。

外汇期货市场

如果投机者更愿意在有管制的市场交易外汇,有些期货交易所会列出外汇合约,这里的交易人不用担心上述的业务操作,结算公司会在更广泛的范围内管理风险,因此,交易所不太会受到一个交易人不良交易习惯的伤害。另一方面交易人交易合约是为了在未来交割货币,而不是交易货币本身。合约价格以美元表示,是在未来的交割日购买货币的价格,因此,外汇期货的定价与即期市场的规定不一样,后者为大多数报价服务机构所采用。

如前所述,即期合约的利息会包含在外汇交易价格中,但在期货交易所,交易人买卖的不是即期外汇汇率,而是即期汇率加上合约生效期的利息和,这些利息被称之为"基准"。机会每一个期货合约里都有,问题是,交易人要做一点算术,计算一下在拥有即期汇率期权时想要交易的期货合约的价格。

大卫·肯德尔，博士，目前担任芝加哥新兴衍生品交易所的顾问，并且一直为不少交易所和清算公司开发产品。

迈克尔·山考斯基，特许金融分析师、特许另类投资分析师、交易人、顾问，最近十年为对冲基金、专属交易集团及自己进行交易。在就职新兴期货交易所期间，他设计了新型的外汇期货合约，拥有待定期货合约设计专利。他目前在为新兴市场开发场外交易合约，并为高速算法交易人设计技术结构。

本文首刊于2007年12月的 *SFO*。

第 2 章　外汇交易：有钱能使鬼推磨

达瑞尔·乔博曼

货币的价值曾经像天气一样：大家都热衷于谈论，但只能袖手旁观。而现在，虽然大家依然对天气束手无策，但个别投资人会做点事改变货币的价值——通过买入一种货币再卖出另一种货币。

这都归结于外汇交易或外汇市场——曾经是大型银行和金融业一统天下的领域，在最近 10 年时间内向个人开放了，即使个人投入的资本金非常小。

世界巨无霸

外汇是世界上交易最活跃的市场，远远超过全球股市和期货市场交易的总和，每天的外汇交易价值最一般的估计都达到 1.9 万亿美元，但没人能给出一个确定的数字，因为大多数的交易方是由大型金融交易商组成的银行间大网络的成员，无论哪个交易所或其他中央机构都能够在这个全球场外市场执行或跟踪交易。

与其他大多数直接买卖货物的市场不同，在外汇市场，一直是买入一种货币再卖出另一种货币。衡量外汇交易增长的唯一标准就是货币期货的交易量，用其他货币与美元比较。从这种角度来说，外汇生意蒸蒸日上，大多数货币期货交易在芝加哥商品交易所进行，自从几年前货币期货电子交易能够几乎 24 小时进行以来，交易所内的交易量猛增。

外汇交易发源

那么外汇交易——长久以来将个人投资者拒之门外——是如何获得

如今的地位的？要回答这个问题，我们需要讲一点历史。黄金多年来被作为价值储备和货币基础，但黄金不是没有问题，手握黄金且经济雄厚的国家可以进口更多的货物，把本国的货币流通到其他国家，结果就降低了支撑本国货币的黄金储备，没有了黄金支持，货币供应就不得不降低，造成利率上涨、经济活动趋缓，直至落得经济衰退、物价降低，最后低物价又吸引了他国的购买力，推动出口，货币回流，黄金储备和资金供应恢复，利率降低，达到经济扩张甚至繁荣。这种由盛而衰的循环是黄金交换时期的常例。

20世纪上半叶发生的两次世界大战和大萧条破坏了正常的经济和外汇活动，政府、金融机构和公众都呼吁建立某种稳定性。在第二次世界大战结束前，美国、英国和法国领袖1944年在美国新罕布什尔州布雷顿森林会晤，确立了主要货币与美元挂钩且35美元相当于一盎司黄金的方案。由于欧洲各经济体和其货币在二战中遭到严重破坏，美元成为世界的基准货币，重要货币的波动范围限于美元设定标准的上下1%，而且不允许以获得贸易优势为目的的贬值。如果一种货币偏离太大，央行就被要求介入外汇市场将货币带回可接受的范围。

成长的烦恼

布雷顿森林协定的确达到了目的，为战后恢复提供了稳定性，但随着国际贸易的扩张，海外存储的美元数量增多，而有些国家——如苏联，不想把钱存在美国银行，这些钱在冷战时期可能会被美国政府冻结。美元海外储量的增长，用美元大量挤兑黄金的危险加大，因此尼克松总统1971年8月宣布美元不再兑换黄金，这实际上就终止了布雷顿森林协定。各国政府又在1971年12月提出了史密森协定，只是加大了货币可以浮动的范围，但由于各国的经济和政治条件大有不同，这种浮动安排也没有维持多长时间。

欧洲没有放弃浮动的理念，却不想将未来牢牢拴在美国的发展身上，于是就提出了自己对货币浮动进行处置，从而形成了1978年的欧洲货币体系。体系艰难维系到1922年，以乔治·索罗斯为首的投机商

第 2 章 外汇交易：有钱能使鬼推磨

打垮了英格兰银行，后者当时打算推高英镑的价值，这是外汇史上最会被大书特书的交易之一。结果，英国退出了欧洲货币体系，不再控制货币价值，为现实中的自由流动汇率打开了大门，因为当时根本没有什么架构能够控制浮动。每次想要控制汇率，刚开始还能达到目的，但 50 多年后所有努力就付之东流，最后产生了一种新货币——欧元，欧洲不同的货币统一了。欧元在 1999 年 1 月 1 日推出，现在是全球自由浮动外汇市场的定海神针，但还有少数货币与美元挂钩。

乔治·索罗斯：打垮英格兰银行的人

乔治·索罗斯，本名捷尔吉·施瓦茨，生于布达佩斯，开发了自反哲学和交易风格，该理念的核心是行为往往会打破经济平衡，而且这些行为可能会与自由市场系统的进展背道而驰。

他与人合创了量子基金后，就准备将自己的哲学用于实践，1992 年 9 月 16 日（后来被称为"黑色星期三"）他获得了最大的成功。

英国 1990 年加入欧洲汇率机制的时候条件并不理想：英国的通货膨胀水平是德国的 3 倍，利率是 15%，"Lawson boom（劳森繁荣）"即将落败。于是索罗斯和其他投机商介入，9 月 16 日，英国政府宣布提高基准利率——从已经很高的 10% 提高到 12%，想以此吸引投机商买入英镑，但这还是难以匹敌欧洲汇率机制的利率。索罗斯借政府不愿再次提高利率，卖空了价值超过 100 亿美元的英镑，迫使英格兰银行退出欧洲汇率机制。

"黑色星期三"在 15 年后让英国在加入全球货币体系面前犹豫不决。而索罗斯当时卷走了至少 10 亿美元，现在在美国福布斯富人排行榜上排名第 27 名。这一事实证明千万不能低估一个交易人的顽强意志。

步入外汇期货时代

多年来，外汇市场就像黄金一样将大多数个人投资者拒之门外，能够参与银行间市场的仅限于中央银行、大型金融机构和大额交易商，柜台交易的双方要按照每笔交易的确定条款进行。1967年诺贝尔奖获得者、经济学家米尔顿·弗里德曼认为英镑价值过大,想要在芝加哥银行以英镑贷款,希望卖空英镑日后再以低价买回,但银行根据布雷顿森林协定拒绝贷款。

几年后,美国在1971年关闭了黄金窗口,芝加哥商品交易所的里奥·梅勒姆和其他官员在弗里德曼的支持下,认识到外汇可能有一种全新的交易领域,于是在1972年5月16日推出了国际货币市场,交易7种外币期货合约,这是全球第一批金融期货合约,为下一个10年的利率、股指和其他创新型金融合约开辟了道路。

一位芝加哥商品交易所官员称:"货币这种终极商品首次成为个人投资者的交易工具。"由于外汇市场在20世纪七八十年代一直动荡不安,外汇期货交易增长缓慢,个人投资者这时的作用并不大,然后互联网的发展为这些以网络为基础的做市商公司和越来越大的零售交易市场提供了可操作的通讯联系,1996年开始出现为零售交易人提供交易的新型公司,提供登入简易的线上平台让投资者交易现货外汇,人们只要交几百美金,而且杠杆率多样。

为什么要交易外汇

参与银行间市场的人,外汇交易的动机明确,跨国公司和金融机构经常要通过投机货币的兑换价值来对冲风险或加强盈利,那这些貌似为大玩家设计的市场对个人投资者有什么吸引力呢?

市场全球化。股票或利率这些市场往往都是在当地的工作日才能交易:日本交易人交易日本股票,欧洲交易人交易欧洲股票,美国交易人交易美国股票。而外汇已经真正成为能在全球交易的资产类型,能反映地球上每一次经济发展,对日本货币造成影响的事件同样会影响到伦敦或芝加哥的货币,各种货币中的市场间关系是当今世界经济关系中不可或缺的一部分。

多样化。恐怖分子袭击、核扩散造成的其他地缘政治紧张关系,石油、人权以及其他很多问题都影响到贸易和经济关系,但很难说清楚这些问题对投资某一个国家的股市或利率市场时会造成什么隐忧——无论是为了获利还是自保，外汇是唯一受到所有这些因素影响的工具，是投资人选择的另一种资产类型。

24 小时电子交易。从东京到伦敦再到纽约，只要有金融中心开门营业，外汇交易就会在全球进行，24 小时无休。无论在哪个地方，无论在哪个时间——不管白天黑夜，发生的任何事都会立即影响到外汇市场的交易，而不用等到交易所开门，电子交易让外汇交易实现了同时性。

杠杆率。外汇市场的一些杠杆率比其他任何投资工具都高，无论交易外汇现货还是期货，只要投入一小笔资金就能控制大量仓位，因此对你有利的小幅运行会带来丰厚回报，当然杠杆率是双刃剑，稍有不利运行，小额账户也得亏损一大笔。

信息丰富。连续不断的政府经济报告影响着外汇市场，大选、政治演变、贸易问题及其他很多基本面情况因为财经媒体和互联网传播新闻的快速也会推动市场运行。有时候，信息可能太多，根本无法消化或评估其他交易人的反应，不会说没信息让你分析。

关注市场较少。要交易股票，就要在大量公司或共同基金中精挑细选找到想买的股票，基本面信息从四面八方涌来，无法确定哪些可信。但在外汇市场，你只要监测几个重要外汇对就行了，其中包括美元、欧元、日元、英镑、瑞士法郎、澳元和加元，而且买卖外汇简单，比股票简单多了。

技术市场。政府政策和经济发展会影响货币运行，而且影响会持续很长时间，会形成比其他市场更容易跟踪的长期趋势，如果你知道了技术分析的基本知识，就可以应用到外汇市场，而不用再去学习和理解所有基本面知识。

市场运行活跃。外汇一方面是方便长期交易人的趋势市场，另一方面也会因为意外事件或新发展出现日内波动，给日交易人和短期交易人提供很好的机会。当然，对美国交易人来说，可能意味着要在半夜交易才能一网打尽，但即使仅仅在美国日间交易也有很多良机。例如，根据芝加哥商品交易所官员称，2006年欧元期货的日平均价格范围是68个点，即850美元，这表示大多数日子的波动性足以提供大量机会，甚至在这样的幅度下，日间外汇价格一般是24小时相当规则地运行，不会出现股票市场上时而因为公司盈利报告或其他声明而出现的隔夜突变或跳空。外汇市场虽然也会有极端运行，但不会像安然或世界通信公司那样公司都没了，而且也比股票波动小、风险小。

到哪里交易外汇

外汇交易有三种主要途径：银行间市场、现货外汇公司和交易所交易期货和期权，你最可能会排除银行间市场，这是大型金融银行的天下，那么就剩下现货和期货市场了，两者各有利弊。现货市场是这几年发展最快的交易领域，几十家现货交易公司借助线上交易和管制相对宽松而纷纷破土而出。

www.tradingeducation.com 资深分析师吉姆·威科夫态度谨慎："巨大的外汇市场的流动性已经是老生常谈了，但这个流动性也只是指跟你打交道的公司的流动性。有时现货外汇交易最大的风险不在于换汇的市场风险，而在于现货外汇公司能否都履行义务，与客户公平交易。你要小心评估现货外汇公司，知道一些公司的高杠杆率风险。"

两难抉择：现货还是期货

现货交易的确有不少优势，包括低入门费和高杠杆率。在现货外汇公司用1 000美元就可以控制100 000美元的仓位，就是100∶1，有时甚至更大。外汇期货可能要交外汇合约价值5%~8%或几千美元的履约保证金，而现货外汇只要求1%。

不收佣金或费用。现货外汇公司经常鼓吹不收佣金或交易费用，但交易还是有成本的，现货外汇公司会从买卖盘价差——亦即买价和卖价的差额中赚钱，往往会在主要货币对的两三个点设定价差。

使用方便的电子交易平台和实时报价。现货外汇公司就像做市商，免费、连续、双向提供一些外汇对的买卖价，贴出来的价格就是你要交易的价格，没有下滑或部分成交——外汇期货因为价格市场变动可能会出现这些情况，而且外汇期货要实时报价的话一般会收取额外的交易费。

持仓无时间限制。你可以无限期持有现货外汇仓位，但外汇期货有期限，促使你在特定日期前采取行动。

外汇期货优势

虽然外汇期货的合约价值限制更大，而且有时间限制，但也还是有一些优势的，特别是在账户安全性方面。

集中市场。所有的外汇期货交易在一个地点进行，有很多提供买卖盘的来源，而不像在现货交易中迫使你接受一个提供方的价格，交易所竞争性的环境造成买卖价差很接近，往往只有一两个点。

定价透明。现价是由多种报价一起形成的，同时向所有规模的交易人开放。最小的交易人和最大的交易人在这里看到的是同一价格，不必担心交易商的报价可能在买卖价差中隐藏着费用。

没有交易对手风险。在现货外汇交易中，要与"店主"——确定价格的公司做交易，而外汇期货交易中不是和某一个特定方交易，在监管严格的环境中，每一笔交易的交易方实际上是交易所的结算机构，你不必担心交易另一方的信用或可靠性，自有规则和政策保护市场的诚信，其无法阻止你做出错误决定，但可以保证你做的决定能够得到遵守。

该行动了

现在，无论是因为国际投资或全球旅行而受到货币价值变化的影响，或是想利用这些变化而投机，都不能袖手旁观，光让那些大人物得利。每个人对钱都不陌生，现货或期货外汇市场的交易工具让无论钱多钱少的交易人都能容易对货币波动施展拳脚，而不是仅仅动动嘴皮子。现在有了新型天气期货合约，对天气你也能动动手脚了，这个话题下次再说吧……

达瑞尔·乔博曼，www.tradingeducation.com 主编，该网站培训交易人，每天提供免费交易信息和免费的周讯。他是财经市场博学的权威人士，40年笔耕不辍。

本文首刊于 2007 年 3 月的 *SFO*。

第3章　现货外汇：不同的游戏

杰森·扬科夫斯基

外汇交易新手有时会被俯拾皆是的数据、交易系统、观点、调查、分析和新闻简报弄得眼花缭乱。基于电子交易的发展，外汇市场现在是24小时的全球流通市场，所需要的无非是个互联网接口，配置一台合适的计算机，再开一个账户就万事俱备了。但我们交易人都知道，上场了不一定就能赚钱。

现代的外汇市场，机会的确是无限的，但巨大的机会也蕴藏着这个市场独有的风险。知道如何在这个市场获得更大成功的公司会帮你降低风险，让你牢牢占据领先地位。本文会讨论利用外汇市场优势的基本方法。

假设你已经适当了解了交易的背景情况，那首先就要充分衡量自己的交易技术。不少在股票、期货、期权和其他市场取得成功的交易人发现，他们战绩辉煌的技术装备在外汇上水土不服，比如说，外汇市场没有全球集中结算规则，也就是说没有交易所生成的数据。

因为大量被称为"随机噪音"的行为，在股票和期货上有效的常用技术指标在外汇交易上没那么可靠了，而且因为24小时运转的市场没有所谓"开盘价"和"收盘价"进行交易分析，很多在其他市场上可行的分析工具，到了外汇市场就变得让人云山雾罩了。即使能在其他市场获得成功，那为自己着想的话，还要严格审查自己的交易技术装备、方法、分析和自己的风险容忍力，问问："我知道和使用的方法有多少能容易转换到外汇市场？"如果交易分析的一大部分取决于你无法轻而易举地从外汇市场获得的信息（如交易量或未结权益）或信息不那么可靠（如价格摆动指数），那就有必要投入点时间专门学习和研究外汇。

基本面信息也要从不同的角度来理解。自由竞争的货币都与中央银行（类似于美联储）有关系，但很多都由不同的政府控制。如人民币不能与其他货币实现完全自由兑换，与其他货币现在还不是自由流动。如果你想选几个亚洲货币或几个欧洲货币进行交易多样化，还想对其全部采用完全相同的分析或处理方法，那你就会得到很多"错误信号"，或许还会遭受本可避免的损失，因为两组货币对的运行稍有不同，虽然都是与美元进行交易。因此强烈建议要充分了解要交易的货币对的基本面情况，包括美元的基本情况，以及其交换对象的基本情况，例如欧元。

了解时段

以我的经验，除了外汇与较熟悉的市场之间这些微妙的差别，外汇的交易时段也是个特殊问题。很多交易方法或系统适宜短期交易人——我是指日交易人即"快刀交易人"使用，很多交易人多年来成功操作了一定交易时间段的市场运行，这些时间段可能很大程度上集中在5分钟这么短的时间内，其中不少人平市收盘，每一天的情况都不同。

但在外汇市场，与时间段的关系没那么清晰了，市场上真正的大玩家——当然包括对冲机构——对所谓的"随机噪音"不感兴趣，这些专业人士一般会忽视在一个方向上有非常大的运行，但其足以吸引短期交易人兴趣。他们如果想利用，就会在现有仓位上稍有增加，结果便是很多小时段交易人会遭受一次性的惨重损失或无数的小损失，因为他们所认为的"趋势形成"其实只是"随机噪音"，而且会被专业人士从反面加以利用。换句话说，在小时段交易人看来经常发生"趋势反转"形成的"新趋势"实际上只是"随机噪音"。

如果你想在小时段交易外汇，那你最好考虑到你的潜在机会被限制在一个更大的视野中，而对手方往往会从这一层面来进行交易。要切记，只要价格变化仍然处于有利的整体趋势中，专业外汇交易人不在乎持有的仓位亏上几百个点，他们的交易范围或流动性目标一般可能会需要几年时间才能实现。如果你想获得连续利润，如一周100个点，那么5天200点的"上行趋势"很容易有60个点的"下拉"，这会是很多交易人确立短期看涨的入场点。但这种情况下，200个点的运行并没有脱离交易人现有下降趋势的长时间段，专业人士会在上涨时一路抛盘，而且很可能在下跌时也一直抛盘，因为他要在一个月的时间内拉平仓位。

因为外汇市场的巨大规模和良好流动性，专业交易人会随时间一路建仓，而不像大型期货或股票交易人那样根据流动性需要建仓，因此银行交易商不问市价几何，每小时买25万美元，一天24小时在3周内建立5亿美元的仓位，并不足为奇。一旦整个仓位平均了，他可能会持有半年到一年，然后以同样的方式逐步退出。一切准备工作就绪——如果他是在交易右侧，除了最初的交易操作外，就坐等收利了。因此，大型交易人的交易一般无法透露短时段的市场状况，如果你想进行短期操作，那就别着急，先想一想市场目前的状况究竟如何。你要是想利用"随机噪音"，而且用以前用得好的方法操作，结果或许不理想。

我发现，用一小时或更短时间图进行分析的任何交易人，一般很难持续盈利，你可以在短时段交易，但我想在外汇市场，监测长时段交易的理念更关键。用月/周/日时间段选择交易，用日/时时间段确定更好的进出场时机，可能的确会让你更好地看清当时整个市场的结构。重要的是要牢牢掌握所有的时间段，无论你是否有意利用其交易。你或许不愿意持有一两个月的仓位，但还是有必要知道月时段交易人怎么想的，否则，他就可能是你的交易对手，这种风险多了，他就可能破坏你的短期预期。

外汇交易有何不同

鉴于外汇交易及为盈利而不得不对交易进行的特殊更改，我认为重要的是要关注外汇和其他传统消费品或市场供求关系的核心不同点。绝大多数情况下，对外汇的经济需要和用量每年都在增长，而其他市场却可能没有增长，例如，现在这个特殊时期黄铜形成了"牛市"，供求关系产生了金属的实际短缺。由于黄铜几乎用于所有的电子元件，很多产品的价格因而受到短缺的影响。交易人可以利用这种失衡交易黄铜期货或期权，买入进行黄铜分离或加工公司的股票，或买入产品严重依赖黄铜的公司股票。

但如果这种短缺也为替代黄铜的产品提供了潜在的发展利益，推出新技术和新产品也能利用这种失衡，而且如果黄铜被完全替代，那么黄铜本身的需求可能就会消失。但在外汇市场，永远不会发展到这种境地，无论一种产品或工业的基本经济状况是否可行，至少你都要用钱才能参与所有市场状态。外汇市场每年都在增大，你要利用的是比较价值，而不是基本货币的需求变化。

最后，这篇外汇入门的短文不是要介绍具体的"如何做"，而是要让你熟悉这个魅力无限的市场的特性，让你感觉到需要适应的地方。作为活跃交易人，我已经明白外汇是目前为止最具挑战性、最有创造力的市场，要想领先，先要知道你现在玩的是金融里的"超级碗"，组队都没那么容易，想赢比赛仅知道规则可不够。祝你好运、好交易。

杰森·扬科夫斯基，身经百战的衍生品专家，自学成才，从1987年起就广泛参与杠杆交易，提出了多种交易系统，培训其他成功交易人，并就全球现货外汇交易撰文无数，著有《有效交易规则》。

本文首刊于2007年3月 *SFO*。

第4章 各位,发动外汇引擎吧

玛丽莲·麦克唐纳

现在你很可能已经听说过外汇交易市场,可能在当地机场的希尔顿酒店里召开的推介会上听到过。你看过幻灯片,听过那些豪言壮语,而且在盘算这个庞大市场的规模时还报以怀疑地摇了摇头,然后回到家,依然交易自己了解和喜欢的市场。但有时你还是会问问自己是不是应该看看外汇,那应该从哪里开始看呢?我们先来用点时间讨论一下,或许你就有理由想加入这个无序又疯狂的市场。

多样化

你知道"别把鸡蛋放在一个篮子"这句古话吧?与其他美国人一样,我有养老保险、一点房产、少许管理基金、一两张存折以及一份货币市场基金。一大部分资产都跟美元和美国经济息息相关,这不一定是好事。

我们假设一个比较坏的情况,我住在犹他州,如果这里发生灾难,那我的房产价值很可能就化为乌有,虽然我有保险,但我觉得不到真正用的时候,不会知道保险能有多大范围,因此保险可能会够赔偿我所认为的房产价值,或许还不够。我们再深入一步,来个雪上加霜,假设美国股市出现反转,结果,我的其他资产开始贬值。这只是初步估量了一下投资组合没有预想的多样化时的场景,因此对我来说,投资外汇市场,多样化我可怜的投资组合是个吸引人的办法。

交易货币的一个好处是,我毫不费力就能投资另一种国际货币,而不必开上12小时的车北上加拿大去银行开户,只要点一两个按钮,我就能投入我看好的欧元、日元或全球的其他一些币种。现在即使最坏的情况发生，股票稍有跳水，我很可能就在其他币种上赚一笔。

24 小时交易

股票日交易不放弃正常工作就无法做，这点肯定对我不行，我跟很多人一样都是辛苦工作一天才筋疲力尽地回家，做饭吃饭，陪陪孩子，看几页书然后睡觉。交易时间固定市场对我来说不可能，如果偶尔有笔好交易初露端倪，我就不得不在忙乱的早上——响闹铃、收拾完毕、灌下第一杯咖啡，再加入其他要做的事，这足以让我举手投降——赶紧找一个资金经理人。

与此相反，外汇交易是一周五天半、一天 24 小时开放，这就意味着晚上看两个小时图就可以进行操作了。实际上，我听无数的交易人说过，最佳交易时间是在半夜，我不知道是不是真的，但澳大利亚、英国和美国各个时区的人都这么说过，我发现这与时区无关，交易机会一直都有，因此对我这样又要生活又想交易的人来说，外汇交易市场特别方便。

波动性

外汇市场让我感兴趣的还有个特点就是波动性，其他市场都没有货币市场这种让人精神分裂的运行状况，也就是说我每天晚上花一两个小时交易，就能有一些丰厚成果。但别忘了，同样有可能发生损失，我总是告诉我丈夫，利用保证金通知并非有效的止损策略。

流动性

无论日夜、无论何时，进出外汇市场的成功率很高，可以说，在交易时间，每秒钟都有几十万人在线上买卖外汇，市场每天的交易量大约 1.9 万亿美元。

费用低廉

外汇交易人的从业成本称为价差,实际上就是买价和卖价(买入报价和卖出报价)的差额,例如,欧元/美元的买价是1.2733,卖价是1.2735,价差就是两个点,此外没有任何佣金或隐藏费用,如果有的话,就要查查外汇经纪人,你可能找错人了。

操作过程是这样:如果我想在1.2733买入欧元/美元,只有价格达到1.2735时才会实现收支平衡,因此如果我是交易迷你账户,这一笔我就亏了2美元(我是美元账户,如果是其他货币,就不太会是这个数字了)。只要价格达到1.2735,我就转亏为盈。

轻松

实话实说,外汇交易容易上手,入门门槛低,绝大多数情况下一两天时间就能在网上开户,经过邮件审核,就万事俱备,只欠东风了。大多数外汇经纪公司只要250美元就能开一个小户头,因为行业本身的高杠杆率,你随时都能交易大笔资金。

杠杆率提高

杠杆率有点像经纪公司给你开的期票,其基本作用是让交易人拥有200∶1的杠杆,50美元的保证金就能控制市场上10 000美元的仓位,保证金只有仓位价值的0.5%。线上外汇交易人都有这个巨大的杠杆率,实际上这是一个强大的赚钱工具,这个杠杆的必要性在于价格稳定性和市场流动性,这些因素致使一种货币每天的平均百分比变化达到1%,而股票市场的波动动辄达到每日10%。

没有哪个人或经济体能控制这个市场,外汇市场没有有形的集中交易所,实际上,市场如此之大,参与者如此之多,没有哪一个实体甚至央行能长时间控制市场价格,现在强大的中央银行对其干预也越来越短暂和无效。

用自己的标准衡量

好了,你决定要冒这个险,参与这个波动最频繁、最激动人心的市场了,然后呢?有很多外汇经纪人都有点低估了这一市场,我听说,外汇行业估计是每年以20%~25%的速度增长,随着市场的增长,名不副实的公司也越来越多。2007年,美国有史以来最大的外汇交易诈骗案被调查后最终罚款3300万美元。

在这个案例中,这家名不副实的公司在1998年开始拉拢那些毫无戒心的客户,提供场外外汇期权和期货合约,期间,这些公司大大扭曲了外汇交易的利润和风险,更糟糕的是,客户资金就没有用于投资,而是用于支付个人消费,如房子、车和船。为了不被发觉,这家骗子公司向客户提供了假账户报告,并在网站上发布交易盈利、市场状况和机会、每个投资人的账户余额,以及造成客户取款拖延原因的虚假信息。

很多犯罪计划都有一些露底信号,经验丰富的交易人能看出来,但入行不久的投资人可能在区分合法和假冒公司上有些困难,我强烈建议在你考虑要投资、送上自己血汗钱之前详尽调查每个公司。

我一再惊诧于人们怎么会一点尽职调查都不做就给说得天花乱坠的公司开支票。也有有头脑的人会详细了解购买对象,阅读消费者报道,仔细衡量他们对于学校、家庭甚至银行的观点,但还是被一夜暴富的保证蒙蔽了双眼。最后看看你考察的公司是否因作假受到调查或是已经被判定作假。

危险信号

这就引出一个问题:"你怎么知道你碰到了空头交易?"如下几个危险信号有助于你在投资前发现潜在问题:

远离那些华而不实的机会。如果公司保证会获得巨额利润,就要保持警惕。首先,大多数监管机构不允许做保证,而是要求所有注册公司提供资产报表,也就是说所有意指盈利的报告必须有风险报告补充。所有吹过头的盈利"担保"和报告只是引诱投资人的手段,让他们相信自己的钱是安全的，而且有可能带来丰厚回报。有一个重点要注意，即使是最专业的经纪人和交易人也无法或不会担保在某一天盈利，外汇市场是所有金融市场中最变化不定的，因此别相信这些大话和说大话的人。

避开那些声称没有或很少金融风险的公司。如果遇到哪个声称已经开发了一种外币交易策略，风险很小或没有，赶紧抓牢你的支票离开。外汇交易之所以能赚钱就是因为其还有很高的亏损风险，外汇交易市场波动极多，即使有良好的资金管理，投资人看空时还可能损失大部分——如果不是超过整个账户的资金。

一定要看看公司的记录。把钱交给外汇公司前，一定要好好查查，看看其是否在美国商品期货交易委员会（www.cftc.gov）或美国全国期货协会（www.nfa.futures.org）注册了。一些声名狼藉的公司假称经过了美国商品期货交易委员会或美国全国期货协会的批准，想以此获得未来投资人的信任。这是一个明显的危险信号，美国商品期货交易委员会和美国全国期货协会不会"批准"公司，它们只是在那里"注册"，不是"经过批准"。其他有帮助的信息还可以从证券委员会、州检察长和商业改善局获得。

别理催促你今天就交易的公司。投资骗子一般会用某个迫切的理由告诉你立即投资非常重要，可能是因为投资机会"提供数量有限"或是推迟投资可能意味着错失一大笔利润（毕竟，他们泄露给你的信息一旦广为人知，价格肯定会发生变化）。速战速决对骗子来说很重要，首先，他们想以最低的代价以最快的速度拿到你的钱，而且他们不想给你时间思考、与其他人讨论，后者会建议你保持警惕，或者去监管机构核实一下。此外，骗子可能没计划在当地久留。请记住，市场明天、六个月甚至明年后都还在。

跨过终点线

我建议想要参与这个很刺激的市场的人谨慎选择生意伙伴。挑一个像FXStreet.com或ForexFactory.com这样的网站，多了解一点市场的经纪人，找两三个服务内容适合你需要的，一旦缩小了范围，就可一一浏览经纪人的网站，下载演示平台。

下一部分要辛苦点，但你会劳有所获。每次用三个平台，在每个平台上与每个经纪人进行相同的交易，打电话要求每个公司提供客户支持，接受他们的培训，感觉一下如果你最后开户会得到的服务。试用30天后，你会清楚地知道哪个平台适合你，哪个经纪人提供的服务是你想要的，然后就能加入百万大军在货币市场尽情交易了。

玛丽莲·麦克唐纳，作家和外汇交易人，著有《简约外汇》（市场丛书出版社，2007年）；可以通过其网站 www.marilynmcdonald.net 联系到她。

本文首刊于2007年9月的 *SFO*。

第5章　外汇演变和新兴市场

彼得·罗森斯垂克

虽然有些外汇交易人认为外汇市场是1971年建立的，很多市场传闻也这么说，但情况并没这么简单，外汇交易的历史与人类文明的历史一样长。

给一件东西定个价值然后用于交换，这是基本的经济概念，它根植于早期中东的丝绸之路，然后巴比伦人开始用纸币和发票，这种思想的转换为借助重要工具进行基本经济交易的商业提供支撑，但是造就今日外汇市场的却是金本位思想。

金本位是一种货币系统，在这种系统下，账户的标准经济单位是一个固定重量的黄金，货币发行方保证会以一定量的黄金赎回纸币，最终，每个国家的中央银行都会保留黄金供给（例如美国的诺克斯堡①）。19世纪70年代，很多国家开始调整到金本位，例如，德国是1871年，美国是1900年。那黄金有什么作用呢？它为全球经济提供了非常需要的稳定性。

黄金被很快接受

因为已经建立了黄金交换的全球市场，金本位很快得以接受。最初是要求各国央行用一定量的黄金储备支撑货币供应，还要求他们能根据要求将货币兑换为黄金。金本位的作用有利有弊。一方面，调整到金本位的目的达到了——它要求各国央行用黄金储备来支撑自己的货币，因

---

① 诺克斯堡是美国国库黄金存放处。——译者注

此各国货币得到全球承认，首次可以真正实现跨国的广泛贸易，从这方面可以说，在全球范围内推广工业革命，金本位起了核心作用。

但金本位对很多国家的经济发展也有极大的负面作用。首先，经济体的流动性有赖于全球黄金的产量；其次，贸易不平衡导致黄金外流，降低了国内的货币供应，这样一来，发展一国经济即意味着找到其他黄金来源，要么跨境交易，要么采矿。

转变需求

因为这些问题，金本位最后崩溃，第一次世界大战之初，各国调整经济以满足战时需要，货币需求几乎同时膨胀，在这种情况下，金本位的限制条件——保留黄金储备阻碍了扩张的迫切需求。

战后，西方国家有一段时期想努力恢复金本位，如1925年，丘吉尔根据保守经济学家的建议，不情不愿地把英镑回归到金本位。其他国家采用了金本位的变形，称之为"金块本位制"，在这一体制下，不要求各国储备黄金，有些黄金支撑和央行进行保证就行了。唯一真正的要求是各国经授权都要干预外汇交易市场，保持与黄金的一定交换比，这就让各个国家能够直接控制货币流通，设定自己的货币供应。

虽然要求相对宽松，金块本位制受到很多国家的质疑，特别是缺乏统一货币政策的国家。战争使很多国家债台高筑，发钞票成了最简单的解决方式，结果通货膨胀达到了危机边缘，而且无法恢复原来的与黄金对等的货币体制，钱越印越贬值，越贬值就越印，这一连锁现象成了家常便饭。

1929年大崩盘

很快，全球面临另一项巨变：1929年股市崩盘，它引发了全球经济危机，造成大多数国家一起放弃了金本位。虽然放弃了，但发达国家看到了调整机构能够为外汇市场提供稳定的货币增长。二战快结束时，当时的两大经济和政治强国——美国和英国开始谋划世界经济新秩序。

起初，他们希望在联合国的基础上建立货币和贸易系统，但由于当时的世界分为东、西方，这个方案不可行，因此在1944年布雷顿森林大会提出了《布雷顿森林协定》，大会章程要求建立新的金融、货币和贸易体系，第一个目标就是帮助欧洲重建，第二个目标是稳定各国货币，推进国际贸易。

《布雷顿森林协定》的成果就是管理国际货币的布雷顿体系，形成了国际重要工业大国之间的商业和金融关系，另一个成果是促成了国际货币基金组织的建立，用以监测这一新货币系统。基金组织的成员有义务遵守组织规则，并保证在经济危机时提供帮助。

根据《布雷顿森林协定》和国际货币基金组织，每个成员国都要保证在外汇交易中美元的固定价值，也就是35美元相当于一盎司黄金，只有在经过国际货币基金组织审查和批准后，一国才能重新调整货币。布雷顿森林体系发挥了25年的效用，美元的基准作用发挥良好，美国因为其巨大的黄金储备和国际贸易主导地位，获得了无可匹敌的发展。

但在20世纪60年代初布雷顿森林体系开始出现问题，美国和欧洲的一系列经济事件（包括美国首次出现国际收支赤字和通胀预期）引发了抢购黄金潮，而且美国还要对黄金进行担保。国际货币基金组织成员建立了黄金池，想要通过干预黄金市场对冲抢购热潮。

持续了整个20世纪60年代到70年代初的全球问题继续给布雷顿森林体系加压，例如，1970年美国首次出现贸易赤字，导致人们对美元实力失去信心，因此，1971年8月15日，尼克松做出了震惊经济世界的举动——未咨询国际货币系统里的成员甚至没有与美国国务院协商就终止了美元与黄金的兑换。他这么做的确值得商榷，但也是因为国际货币基金组织会让美元贬值，这样会人为地提高黄金价值。

浮动汇率

尼克松中止了兑换，就将美元从汇率限制中解放了出来，很快其他很多国家开始效仿，放松了曾经严格限制的兑换值，这就在全球形成了"浮动"外汇交换市场，到1976年3月，汇率不再是政府监管货币政策的主要目的了。

在随后被称为的"尼克松冲击"①后,所谓的G10国对建立新多边货币体制做了最后的努力。他们在华盛顿召开会议,确立了《史密森协定》,确定黄金的官方价格为每盎司38美元,波动幅度降低到2.25%,完全取消了黄金兑换。这些改变只产生了短暂的积极作用,无法带来长期的稳定性,需要进行进一步的再评估,而且世界大型经济体无法实现干预的要求,坚挺货币杜绝与美元挂钩,国际货币基金组织变成了货币政策的开发和监测机构。

近期发展

虽然全球领先经济体尚未开发出新的布雷顿森林体系,但他们已经在努力建立一些新的货币指导原则。1976年1月,国际货币基金组织在牙买加召集了货币大会,结果形成了所谓的《牙买加协议》,并于1978年通过。这一体制正式承认了受控制的浮动汇率机制,也允许每个国家确定自己的外汇体制,只要其行为不扰乱其贸易伙伴或世界经济。

还有个例子是1979年,《史密森协定》崩溃后,欧洲经济共同体(现称欧盟)成员——其汇率相互挂钩,形成了欧洲货币体系,用一揽子成员国货币代替了所有货币参照黄金或美元定价的制度。到1992年后期,除了希腊和葡萄牙,所有欧盟成员都采纳了欧洲货币系统的汇率体制。

近期,世界大国组建了七国集团财政部长理事会,打算调整汇率政策。针对美元贬值做出直接反应,1985年七国集团签署了《广场协议》,同意调整所有针对美元贬值进行的干预行为。但《广场协定》后,美元又下跌了4%,到1986年底,理事会认为美元的运行幅度过大,于是在1987年达成了《卢浮宫协议》,想用一致的央行干预稳定汇率。《卢浮宫协议》的效力到1990年终止。

建立新货币指导原则的最新动向可能是经济和货币联盟的成立。1991年,欧盟12个成员国签订了《马斯特里赫特条约》,呼吁整合成员国的货币和财政政策。首先是建立经济和货币联盟,这是一个国家集团,目的是

---

① 尼克松冲击,指的是美国总统尼克松对美国外交、经济政策的重大调整,对日本政治、社会形成的"冲击",是日本人的说法。——译者注

第5章 外汇演变和新兴市场

帮助消除可能扰乱地区贸易和市场整合的汇率波动影响。其次是成立欧洲货币管理局、欧洲中央银行和国家中央银行，三者共同构成欧洲央行体制，该体制希望形成两层的央行系统，但货币决策政策（目的是保持价格稳定）和执行属于国际央行的各成员国。《马斯特里赫特条约》的最后一阶段从1999年开始，当时各成员国的汇率已经确定，共同的货币政策开始实施，欧元作为合法货币加以确立。

交易外汇

过去几十年间，大型商业银行把持了全球外汇交易市场，主要是银行打电话进行交易，个人交易者连外汇交易的门都找不到，为什么？就是因为当时还没有电子平台，无法处理大量外汇交易，而且电子交易平台更难于投机做市（进而盈利）。由于外汇交易中预先交易（做市商在客户订单进入前建仓）并非违法，电子平台取消了银行一个利润很大的收入来源。

但是20世纪90年代科技的发展最终渗透到外汇领域，在很大程度上改变了交易规则，到底是允许个人首次介入了即期或现货外汇市场。

互联网革命后，银行的外汇客户开始要求定价透明，多个提供商，效用最大化，降低定价到结算的费用。银行被迫提供电子方案，否则客户就另寻他人了。到20世纪90年代初期，银行间电子外汇交易系统已经尽善尽美，路透集团和电子经纪系统公司是最早两家放弃电话方式转而诉诸互联网方式的银行间交易者（但这个说法未得到官方确认），两个平台都提供多个流动性提供商、可交易的连续报价、信用风险分析和结算服务，等等。

路透集团和电子经纪系统公司是最成功的多银行外汇系统，电子外汇平台开始演化为为不断变化的客户需求提供服务，银行开始建立专属电子系统，一些银行甚至向客户开放调查、分析工具和分流数据。

零售大门敞开

到2000年，线上外汇交易的平台已经非常稳定，除了银行间或机构平台（交易价值最少100万美元）外，大量的小型做市商开始服务于新的零售需求。有面向中型市场的，如 Artiax（现已关闭）、Fxall 和 Currenex 服务的多银行支持平台，而且高级货币市场这样的零售公司已经开发了向散户投资者完全开放大多数主要交易货币对的技术。

货币交易领域这场革命的背景是什么呢？帮助散户投资者打开大门的有三个主要因素，首先是技术发展扫除了各个外汇障碍，如高成本、市场介入、信息难于获得以及价格发现；其次，股票日交易者寻求波动性相当的其他资产类型；最后，杠杆作用让散户交易者和做市商都能受益。

杠杆作用可能是让外汇走出机构圈、进入散户投机圈的最重要因素，散户交易者因而能够利用小幅运行交易——外汇交易的大多数波动都是小幅运行；做市商也能将交易规模分割到最小量，而依然能够支付入门费或操作成本。例如，散户交易者投入市场 1 000 美元，但有了 100∶1 的杠杆效用，就能用 100 000 美元与做市商交易，而 1~3 个点的价差，即 10~30 美元的入场费让交易者甘之如饴，也觉得经济划算。

在监管层面，《2000 年商品期货现代化法案》向外汇散户交易者提供了更好的保险。在该法案生效前，外汇市场缺乏监管，享有"疯狂西部"之称。《商品交易法》向美国商品期货交易委员会和美国全国期货协会有限授权，允许其管理线上零售外汇平台。美国大多数的公司都加入了全国期货协会并遵守其行为规则，为散户交易者建立了更加合法和专业的环境。但个人交易者在交易即期外汇前还是需要仔细准备，一定要了解公司，花点时间找有声誉的即期外汇交易商进行交易。

真正的革命

自 2000 年以来，线上外汇交易平台的革命令人震惊。现在，连续的可交易价格、直接处理、多数重要外汇一两个点的价差以及大量的附属信息（如图表、新闻和调查）出现都是家常便饭。

零售外汇的未来会怎样？线上平台的下一个阶段类似于银行间市场的情况，交易从单一做市商系统向多对手系统发展。虽然大多数零售提供商会抵制，主要是因为收入会大幅降低（就像以前发生在银行身上的情况），但最终杀手级应用会推进可用的技术，终究会让散户外汇交易者受惠更多。

第5章 外汇演变和新兴市场

> 彼得·罗森斯垂克，目前是高级货币市场驻瑞士日内瓦的首席市场分析师，他作为市场策略师在美国和欧洲的金融机构担任多种职务。彼得·罗森斯垂克是杰出的金融分析师，时常为知名媒体供稿，如路透社、SFO、《巴伦周刊》、《华尔街时报》、《金融时报》、美国消费者新闻与商业频道和彭博社电视节目。他也是外汇专家，著有《外汇革命：业内人对真实外汇交易的指导》。他拥有纽约城市大学 MBA 学位和克拉克大学历史学学士学位。
>
> 本文首刊于 2006 年 3 月的 SFO。

第6章 为外汇交易做准备

玛丽莲·麦克唐纳

如果你认为你准备好做外汇交易了，那么必须用点时间做一个交易计划。这个市场太变幻莫测，千万不能不想想交易的方式、对象和时间就一头扎进去。

我不建议用黑匣子系统或采用其他人的交易方法，自己知道为什么交易很重要。如果你不想费功夫确立自己的交易方案，可以考虑把自己的钱交给别人管。

如果你准备好冒险，也要制定外汇交易方案了，那又该从何处着手呢？

自己下功夫

首先要下决心确定自己的交易风格，不是我的、展示会上某个套装的或华而不实的网站上的交易风格。准备定义自己交易风格的时候，写下自己的优、劣势，评估的方面包括：自信心、耐力、纪律性、计算机娴熟程度、动机和在逆境中的韧性。或许你和我一样讨厌自我评估，但我保证，这份折磨很有必要。

交易方案类似公司的商业计划，用于确定想如何操作交易，列出交易的方方面面——时间、价格、交易量和新闻，这些都是交易的重要构成部分。交易方案就是自己的地图，告诉自己、反复自问想要如何实现目标——盈利，其中还包括交易和投资的阶段性目标，在3个月、6个月、1年、2年、5年、10年甚至20多年该实现什么目标。

第6章 为外汇交易做准备

我在制订交易计划和目标时,总是想起尤吉·贝拉(Yogi Berra)①的话:"如果你不知道自己去哪,最后就会误入歧途。"要考虑的问题包括:

1. 一天当中哪个时间交易(哪些时段)?
2. 跟踪哪些货币对?
3. 在市场波动运行时(发布基本面消息)交易吗?
4. 交易持有多长时间?
5. 愿意在市场冒多大风险?

在确定一天中的交易时间、货币对和日盈利目标时,要注意所选货币对在该时间段的运行幅度。浏览下面的表6-1。

表6-1 货币对的平均浮动点数

货币对	亚洲时段	欧洲时段	美国时段	美国和欧洲重合时段	欧洲和亚洲重合时段
东部时间	下午7点~上午4点	早2点~中午	上午8点~下午5点	上午8点~中午	上午2点~上午4点
EURUSD	51	87	78	65	32
USDJPY	78	79	69	58	29
GBPUSD	65	112	94	78	43
USDCHF	68	117	107	88	43
EURCHF	53	53	49	40	24
AUDUSD	38	53	47	39	20
USDCAD	47	94	84	74	28
NZDUSD	42	52	46	38	20
EURGBP	25	40	34	27	16
GBPJPY	112	145	119	99	60
GBPCHF	96	150	129	105	62
AUDJPY	55	63	56	47	26

---

① 美国前职棒大联盟的捕手、总教练,他主要效力于纽约洋基队并且在1972年被选入棒球名人堂。他是3次获得美国联盟最有价值球员的4位球员之一,也是带领美联和国联球队都拿到世界大赛的6位总教练之一。——译者注

这张表显示了货币对在东部时间特定时间段的平均波动点数，那么，如果你是想在一天内赚 30 个点，而只能在欧洲和亚洲的重复时段交易几个小时，那就要研究方案的可行性，大多数货币对在这一时段的波动都比较低。还有，记住一个问题，波动大并非是好事。看看英镑和日元（GBP/JPY）的平均波动，乍一看，这一对看起来很不错，交易幅度很大，但在一些吃过亏的人看来，这一对可会让你损失惨重，你多想赢，就有多快输。

收拾装备

在策划交易方案时要考虑的重要内容有很多，这些重要内容是方案的基础，帮你实现目标，下面就是你可能要考虑的问题：

明确目的。明确交易和投资的目的，说出希望通过交易实现的目标，问问如下问题有助于你确定方案：

1. 为什么想交易外汇？如果是想要寻求安全和保证，那你就可能来错地方了。如果你是想找刺激，让心率升高，那就找对地方了。

2. 希望从交易中获得什么？要具体。是追求名声和荣誉感，还是只想比退休计划赚得多点？

3. 交易目的是什么？

4. 打算如何做得更好？是想加入交易组织、看书还是参加研讨会？

5. 会用到交易方案吗？

购买策略。怎么找要交易的货币对？交易者会用一个或大量新闻、行业调查、技术分析、基本面分析等。

1. 怎么确定你的"购物单"（你想购买的货币对）？

2. 会用到技术分析吗？要知道你要找的是什么，知道你的指标如何运用、衡量的是什么。你最喜欢的指标可能在很多情况下都用不上，我倒是建议用多个指标而不是一个。知道什么时候用技术分析，什么时候该放弃。

3. 会用基本面分析吗？基本面新闻发布时，会启动市场最大的波动，要保证自己知道基本面分析如何运用。

卖出策略。给每笔交易设定一个最小的目标，每笔交易赚上 20 点或 50 点可能就能让你满足，设定一个你满意的目标并坚持不变。一旦你开始盈利，过于自信就是常犯的错误，这时你就有可能进行过多交易，还不能及时止损，总想着市场会转而对你有利。这种情况每个交易者都遇到过，能够在损失惨重时站起来，从错误中汲取教训并继续前进的人才能活下来。

以预先设定的最低价格自动卖出，用这种止损订单来降低风险。奇怪的是，对这个问题的争论热火朝天。我以前交易根本不用止损，但后来欧元和英镑给了我惨重的教训，随后我就一直在交易方法中加入止损。

1. 如果交易不顺，你愿意损失多少？这是个难题，没多少人愿意承认自己错了。停手对一些人来说艰难万分，这是一个双重打击：不仅要承认自己搞砸了，还要出血。

2. 一些交易人在交易顺利时就不断提高止损价格，称为跟踪止损，这是锁定利润、降低风险的有用工具。

3. 必须牢记如何保护交易资金。实现赚钱目的的时候，必须保护自己的资金。没有了交易资金，何谈赚钱？再想想一再亏损的话会发生的情况，那时就谈不上交易了，担心的应该是自己的财务状况。你想要丢掉交易资金的每一分钱后才会罢手，还是想给手里留一点再另寻他法、东山再起？

持有策略。买入后价格一动不动该怎么办？卖掉重新开始还是持有等着运行？一些交易人会持有，等着运行和交易量抬头，他们乐得等，但这样可能需要你手头有其他资金，你可能不会仅仅持有一个一动不动的交易，可能还需要有一个钢胃。不止一个人找过我，就想从头到尾跟我说说他们坐等的交易——要么还是一潭死水，要么就是弃他们而去，跑得远远的。

问问自己，交易未结能睡得安稳吗？如果答案肯定，你不是对交易经过了深思熟虑，就是疯了。

资金和风险管理。在任何市场都要将风险保持最低，这很重要，但别忘了你的盟友无数,这个市场无处不有风险。

1. 如何保持账户价值最大并实现增值?
2. 找一些资金管理的技巧——为数很多,包括每笔交易动用多少钱或整个投资组合价值的百分之几。

保证金备注

保证金对很多交易人来说是非常有用的工具,但如果使用不当,也会很可怕,有风险,你随时都会接到经纪人要求增加保证金的电话,也就是说要钱了。保证金让你有了额外的购买力,也让你面临更多风险,谨慎、明智地使用保证金,记住有些交易者从来不用保证金。

第 101 号作品

写下交易计划也很重要,很多交易人喜欢记下片段,把整个计划记在脑子里。计划不写下,很容易被抛在一边,按照老办法干或是养成新的坏习惯。写下计划能让你看到实在的东西,可以拿在手里。计划能够指引你做出正确的决定。

也别把计划藏在桌子抽屉里,钉在电脑旁的硬纸板上,如果卷起来你就会很容易偏离计划,挂在监视器旁边能让你面对现实。

想想知道该做什么和知道想做什么的区别,在交易中,该做的总是正确的,但你没一个方案,就会容易任意而为。

像童子军说的,时刻准备着。对外汇交易者来说,准备就意味着确定方案、开发自己的策略、测试技巧并不断完善,这一过程永无尽头,好的交易机会就在其中。有个深思熟虑的方案是交易新手开始的坚实基础,特别是在外汇领域,用心做方案然后依照行事。我建议先用测试账户交易,直到实现漂亮的回报,然后用小账户开始小笔交易,这样就能保证你的计划建立在稳健的原则之上,会让你长期受益。

第6章 为外汇交易做准备

玛丽莲·麦克唐纳,作家和外汇交易人,著有《简约外汇》(市场丛书出版社,2007年);可以通过其网站 www.marilynmcdonald.net 联系到她。

本文首刊于2007年9月的 *SFO*。

第7章 自己下功夫：走技术路线

布瑞恩·多兰

我每次在交易者大会或更频繁的 Forex.com 每周市场热线在线研讨会上发言时，总会遇到一些非常基本的技术分析问题，比较常见的问题如"哪种时段的图最好看""哪种移动均线最有效"。问这些问题的既有老手也有新手，因此我觉得这里存在更大的问题。

如果非要我具体说，我觉得不少交易者正采用无系统的方法进行技术分析——一段时间观察某些指标，寻找正确的移动均线或寻找最好的动能研究——来提高交易成果，但这听起来像是寻找并不存在的技术"法宝"的漫漫长路，也貌似有些本（交易策略）末（技术信号）倒置的嫌疑，就好像说："我要交易欧元/美元，技术层面如何呢？"

而我建议全面、系统、有步骤地进行技术分析，这种方式能更好地找到潜在交易机会或交易确立点，并成功管理头寸。虽然我这里介绍的方法重点针对外汇交易，但可以适用所有市场。

循序渐进的好处

有步骤地进行技术分析好处良多。首先，有先有后，我们的目的是用技术指标寻找潜在交易机会，而不是先确定市场，再用技术指标给交易找理由。

从多方面来看，日收盘价高于主要移动均线或看涨吞没线这样的价格运行表示甲乙确立点在右侧。基本面解释不通的地方，技术信号或许会告诉你未显现的机会；而基本面一清二楚时（可能启动重要突破），技术信号会提供验证，坚定你的看法。但如果没有清晰的步骤进行技术

第7章 自己下功夫：走技术路线

分析，交易者可能会错过潜在交易机会的信号。

系统地进行技术分析还能让交易者有更好的整体"技术意识"，一般来说，这是领先市场、保持头脑清楚的关键。例如，你不会想在事情发生后才发现美元/日元下挫的技术原因，例行分析 USD/JPY 却会让交易者事先发现导致下跌的导火索，还可能在价格变动中发现交易确立点。

除了对货币、对价值有更好的技术"感觉"外，完整的技术学习法还可能让你有更好的秩序感，即使市场一片混乱，最近外汇市场的剧烈波动显得这一点更加重要。2008 年 12 月，欧元/美元在数天内就从不到 1.30 飞涨到比 1.47 还高一点，很多交易者在追随此次运行时都手忙脚乱。

但是全面进行技术分析还是要突出几个重要技术点，其中一个（200 日均线）会有效抓住反弹快速获利，并激发重要的日内反转（见图 7-1）。图中，长钉反转形态是重要的技术信号，这表明已经到达核心高位，表示随后几天会出现潜在的看空确立点。

图 7-1　欧元/美元日图

全面技术分析也包括研究日蜡烛图和一目均衡图，其中会显示传统方法发现不了的潜在重要交易机会。如果交易者不熟悉这些方法，我建议要补上这一课。最近，对技术状况的例行调查使交易者能够在关键技术点设定技术报警，让他们即使不在屏幕前也能掌控全局，但如果分析不到位，没发现价格水平，就设定不了报警。

基础知识

如图所示，有步骤地进行技术分析是指按部就班地进行同一类型的分析，但分析的步骤是什么呢？整个分析步骤的第一步是确定定期分析哪个市场——即市场的范围。在外汇市场，你可以跟踪几十个货币对——可能有海量信息，然后就是这一方法的关键目的——简化收集的信息，这是技术分析的核心。

货币人要建立起以美元"核心"货币对（EUR/USD，USD/JPY，GBP/USD，USD/CHF，AUD/USD，NZD/USD 和 USD/CAD）为主、两个重要交叉货币对（EUR/JPY 和 EUR/GBP）为辅的坚实基础。

ICE 美元（洲际交易所对美元进行跟踪测量和计算的指数）至少也值得跟踪，其会指示美元的整体走向，但要注意其对欧洲（欧元、英镑、瑞士法郎和瑞典克朗占 77.2%）的权重较大，往往与 EUR/USD 成反比。我不是说只观察这里提到的货币对，但我认为这构成了外汇市场运行的主体。

我说的主要意思是了解最经常交易（或参与交易）的货币对的所有情况，然后死守不放。可能有人选中了日元，就主要关注日元交叉盘（如 GBP/JPY、CAD/JPY、AUD/JPY 等）；交易者可能是加拿大人，就关注加元的所有情况。只要交易者保证坚守决定跟踪的货币对就行。

透露真相

货币分析的整个分析不是到货币对就完了。鉴于外汇市场和其他金融市场的重叠部分，我觉得重要的是在分析中包含其他重要金融市场，

第7章 自己下功夫：走技术路线

尤其是去年，市场间关系被突显了出来。

我在此建议根据CRB指数①分析商品交易，跟踪标普500分析股市和10年期美国国债收益分析债市。由于某些时候特定商品和商品货币（CAD、AUD和NZD）之间的高度联系，我还想分析西德克萨斯轻质原油期货和即期黄金。再说一次，交易者要自己决定想要分析哪些市场，有时取决于他交易活跃的时间段，例如，如果主要在美国的夜里时间交易，或许就想考虑观察日经指数这样的股指市场。

一旦交易者选定了研究的范围，就要按照标准模式为每个市场建立和保存图表，按照步骤分析，这么做的确有用。我最喜欢用的（交易者可以任意选择自己的研究对象，前提是知道哪些最适合自己）是蜡烛图，研究指数平滑异同移动平均线和平均趋向指数/动向指标（让你在最大程度上看清图表），以及四种简单移动均线（21个时段、55个时段、100个时段和200个时段）。

我选择这些的道理非常直接，蜡烛图能让我看到比其他图表更多的信息。我总是通过趋势指数（平均趋向指数/动向指标）观察动能指标（指数平滑异同移动平均线），在趋势不明朗时依靠动能，在趋势显现时看趋势，目的就是要在趋势成形、可能会促成大幅趋向运行而又与动能极值背道而驰时，通过超买/超卖信息避免茫然无措。

最后，我经常用的是四种移动均线，但还要注意其他人在用什么。（为什么是21和55，而不是20和50？因为21和55是斐波那契数列②。）

过去几年，我还在分析中加入了一目平衡表，其亦称为日本云图，基本上是一个大型的移动均线/趋势确认系统，这是一个独立的图表形式，显示四个起到支持和阻力作用的价格水平，还会用交叉点形成买入和卖出信号。

---

① 20世纪以来美国商品调查局依据世界市场上22种基本的经济敏感商品价格编制的一种期货价格指数。

② 斐波那契数列，又称黄金分割数列，以递归的方式定义数列，在现代物理、准晶体结构、化学等领域都有直接的应用。

一目平衡表的价格水平以日价格运行为基础，日内不产生波动，也就是说，只要注意一目平衡表与价格的相对水平，就能得到其发出的信号。

常规化

进行技术分析的第一步是进行多时段分析，简单来说，就是在几个不同时间段对每一对货币进行相同的分析。我重点倾向于观察日图、四小时图和小时图，以确切了解技术信息。

因交易风格不同，交易者或许想用更短的时段（如两小时和30分钟），但我还是建议从日图开始看。即使是超短期交易者，看的可能很少超过15分钟时段图，还是很可能想要知道价格是否冲向6个月前形成的日趋势阻力线。日图提供给人的信息更宏观，能够凸显比任何短时段里更大的潜在运行。我还建议至少每个月看一次周图，了解长时期的潜在机会。

我建议按照下面的步骤研究分析每个时间段，从最长的钻研到最短的：

1. 形态辨识。观察核心图表形态，如双顶/底、斜向上/斜向下楔形或三角形、头肩形/反转头肩形和看涨/看跌旗形。要知道形态会出现在任何时段中，在看日图时，要研究日蜡烛图，其可能出现所有形态。

2. 趋势线分析。画出能够反映近期价格方向本质的趋势线。例如，如果货币对下跌，交易者就要画出对下跌趋势影响较大的主要阻力线，再找到可能的支撑线，如果跌破这些支撑线，就可能会进一步下跌；然后再问问，如果 XYZ 支撑被打破，那下一个目标可能在哪儿？如果货币对盘整运行，就要找出高低界限，想想突破可能会在何处发生。把这些价格水平记下来以便随时参考，但要认识到，短期图上的趋势线可能会过段时间才会运行，这要取决于其斜度如何。

3. 移动均线分析。画出日移动均线，该线在一天内不会变化。还要注意每小时的移动均线，注意其在一天内可能会变化，如果波动大的话，变化或许就很大。移动均线可能是支持和设置阻力的重要构成部分，如果收盘高于/低于移动均线，就出现突破，也就是说，小时收盘价高于/低于小时均线，就打破了小时移动均线。

4. 动能分析。看看超买/超卖情况，并记在心里。再找找看涨/看跌背离、交叉点和其他信号，判断一下趋向性运行是否正在积蓄并可能反转。

5. 趋势分析。观察平均趋向指数，判断在所分析的时段趋势形成的条件是否明显。比较动能分析和趋势出现的地方（平均趋向指数>25），遵照趋势信息；趋势不明显时（平均趋向指数<20），动能分析往往更有效。要警惕平均趋向指数出现最高值，这可能表示趋向运行停滞不前。

如果交易者对所分析的所有市场都一一按照上述步骤分析，他们就比随便关注个别市场更有可能找到可操作的交易机会。交易的确立点可能不在预期的地方出现，但主要意思就是这样——用相同的步骤在相同的领域一一使用，比只关注一两个市场更有可能找到技术性交易确立点，后者可能不会发现任何明显的信号。

分析步骤实施的时机

我经常碰到的另一个问题是"什么时间进行技术分析最好"。答案很简单，交易者理智清醒的时候。交易者不在市场时，就会更清楚地看图和指标，较少受到任何基本观点偏见的影响。

就是要用开放的心态进行技术分析，倾听图表说了什么，有时候图表说得不多，但有时候又声如洪钟，而交易者就要在那听着，这是分析计划使然。或者，特定时间交易者根据自己的安排和交易风格展开分析步骤，但我一直建议在开始交易前按分析步骤走一遍。

观察外汇收盘

一天的时间中，我想强调的是收盘时间，外汇的收盘时间是东部时间下午5点。日收盘通常会发出一些非常有力的技术信号，为什么？因为在一整天交易后，市场已消化了所有的信息和数据——包括价格走势，然后进行了宣判：日收盘价。

如果重要的日移动均线或核心趋势线被打破，那交易者只有在收盘时才能确定，收盘时也是日蜡烛线成形的时候（我只填了日蜡烛图的信号），可能会显示出一个可交易的形态。

收盘时也是一目平衡图成形的时候，例如，如果价格在日间已经测试了高价进入云端，但没在收盘时高于云层底部，那就是发出了否定信号（见图 7-2）。

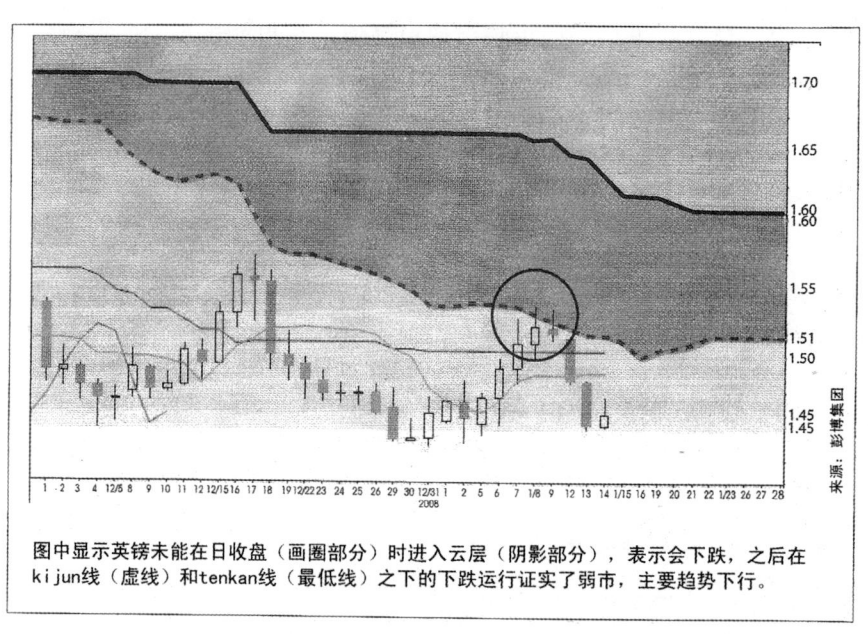

图中显示英镑未能在日收盘（画圈部分）时进入云层（阴影部分），表示会下跌，之后在 kijun 线（虚线）和 tenkan 线（最低线）之下的下跌运行证实了弱市，主要趋势下行。

图 7-2　英镑/美元一目平衡日图

除了前面讲的分析步骤，我还强烈推荐交易者把日收盘价作为常规技术分析内容之一，而且交易者还要在周末用点时间浏览一下周收盘情况，其包含的信息可能比日收盘价还多。

大多数交易者会练习某种形式的技术分析，把这作为交易方案的内容之一，但如果只看短期图、一两个指标或少数市场，他们可能无法获得充分的信息。在技术分析时采用完整的步骤，交易者能够集中自己的

第7章 自己下功夫：走技术路线

力量，分析更多市场，有可能找到更可靠的技术性交易确立点。

但更重要的是，按照步骤进行就能把技术指标完全展现出来，如果技术指标未能发出某一市场的任何信号，那么交易的原因可能就不充分。但如果市场发出了交易信号，有严格步骤的技术分析就比不认真的方法更能抓住信号。用标准化方法定期分析市场的固定信息，交易者就能在可交易的技术信号出现时更好地抓住机会，同时避免信息不清楚的市场。

布瑞恩·多兰，美国嘉盛集团分部 Forex.com 的调研负责人，是在货币市场从业19年的老将。美国嘉盛集团是线上外汇交易的先驱，向140多个国家的客户提供外汇交易和资产管理服务，该公司的旗舰服务公司嘉盛英国有限公司（Gaincapital.com）为机构投资人服务。Forex.com是该公司的零售部分，为各种层次的个人投资者提供24小时、最低账户资本的免佣金交易以及广泛的教导和培训。金融媒体经常就货币市场动向征求多兰的看法，他还就短期交易策略和风险管理在《财富周刊》、《股票和商品技术分析》和 SFO 杂志等杂志上发表文章，而且也是彭博集团、美国消费者新闻与商业频道、路透集团和道琼斯等金融媒体的长期评论员。他与人合著了《傻人货币交易》。

本文首刊于2009年3月的 SFO。

第Ⅱ篇 货币：独特的交易工具

这一部分会进一步讨论构成外汇市场的独特特征，极易参与、高杠杆使外汇成为全球风险最高而同时获利机会最大的市场。丹·博莱斯通介绍了外汇市场交易系统的内在兼容性，指导你用基本构成元素开发出好方法并选择正确的平台。

博瑞思·谢鲁斯伯格揭示了24小时交易的真实含义，从东部时间早上5点钟全球交易在新西兰和澳大利亚开始，然后在欧洲和北美结束一天的交易。凯茜·莲恩分享了一些有关八个主要央行的特征以及利率变化对外汇市场影响的秘密。

虽然八大货币构成了外汇交易的重头戏，但新兴市场的货币蕴藏了越来越多的机会。博瑞思·谢鲁斯伯格带你领略投资墨西哥比索和南非兰特等少见货币的方方面面。

本部分的最后，阿尔伯特·布林克曼介绍了货币期权，虽然其交易原理与股票和其他商品期权非常类似，但完全了解其用法会有助于最大化自己的整个投资类别。

第8章 别滑倒：在电子化外汇下单中处理滑点

埃尼斯·穆罕默德

货币价格变化受到全球性的、整个市场都看得见的因素影响，意即其他市场的一些特殊因素，外汇参与者是免疫的。交易者都想预测这些全球性因素如何影响货币市场，而了解大波动时期市场运行的活跃性的确有一些实在益处。这是什么意思呢？货币突然大幅运行通常会造成价格重整期间的报价很少或没有，因此实际执行的价格会与预期的止损或限价订单有巨大的差异，这就是滑点。

了解了市场在现实中如何运行，交易者就能在订单执行时为滑点做更好的准备（甚至避免滑点），很多情况下滑点是剧烈价格变动造成的。如果个人交易者遵守以下几个基本原则就有助于管理此类风险，提高盈利。

高波动时期

7月份发布的美国非农就业人数就很好地说明了问题。当然这份报告往往是当月最大的市场推动者，不少交易者焦急等待当月第一个周五的到来，期待发生的波动和该报告带来的市场机会。例如2004年7月的数据就带来了一片哗然，非农数据32 000远低于报告前预期市场一致认为的230 000，随着这一爆炸性消息的出现，不少交易者退出看多阵营，加入了看空阵营，最终美元大跌（见图8-1）。

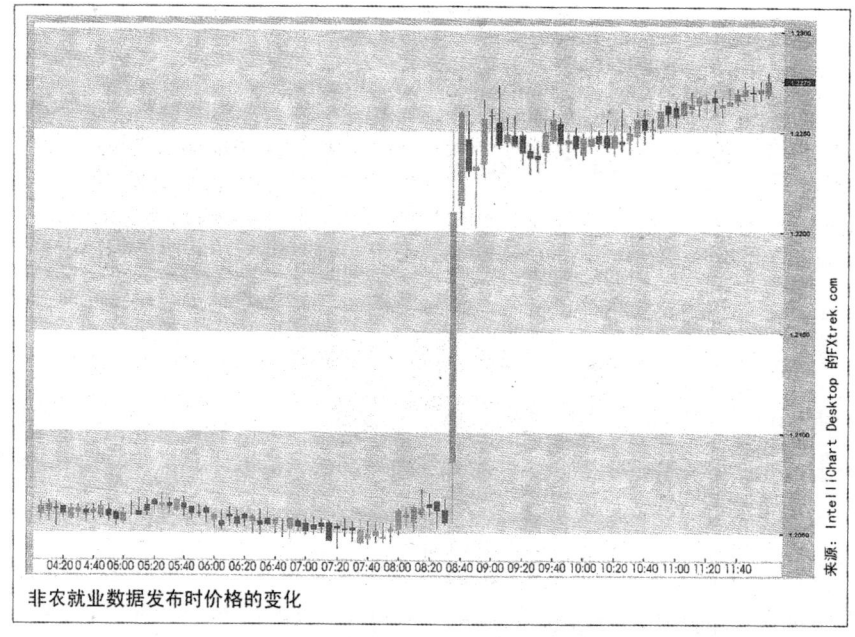

图8-1　2004年8月6日欧元/美元五分钟图

滑点是有代价的

以这特殊的一天为例，个人电子外汇交易者或许会决定在关键突破点（1.2100）买入欧元，但由于该报告发布后的波动增大，只能在1.225买入，以一份100 000欧元的标准合约计算，这就代表丢失了1 500美元。

第二种情况可能是在打破1.2050的关键阻力点时，交易者会看空欧元。为"保险"起见，数据发布之前的时刻，交易者同时在1.2100下了止损订单。实际上如图1所示，美元跳水，预想的止损订单（由于滑点）在1.2250时才会成交，一份标准合约的损失从1 500美元上升到2 000美元。

第三种情况是交易者在1.2100发出止损订单，即没有初始看空欧元头寸的止损。这个交易者了解他的经纪人，滑点是30点，结果这笔交易利润很大（即使有30个点的滑点，每份标准合约盈利1 200美元，

第8章 别滑倒：在电子化外汇下单中处理滑点

在 1.2250 时平仓）。

虽然上述例子并非交易者的真实情况，但的确是 2004 年 7 月非农就业数据发布后的真实反映。而且，第二种情况下，的确有交易者在保证成交条件下发出了止损订单，这些交易者会以精确的、独立于市场的利率退出仓位，而不管市场的实际交易价格如何。数据发布后的余波致使一些外汇交易公司发布公告，撤销其担保条款。现在这些保证条件满足，在交易波动极端的情况下，并非所有的交易都能以显示的价格成交，因此，保证条款在你真需要的时候就不会起作用。（止损订单可用于限制交易风险，是控制交易的核心部分。利用止损意味着在市场不利时，订单会自动退出，有效限制损失，止损还能用于锁定利润，或是在出现上述情况时，以"止损入场"的形式在突然发生突破时——特别是波动很大时，保证订单价格。）

有滑点，就要比价格

交易者的确要知道并理解市场会有跳空，就会有滑点，这不是滑点是否会发生的问题，而是何时发生、程度多大的问题。读者应该用点时间考虑一下，并了解外汇公司之间处理订单有什么不同（这一点对进行电子交易的人都适用，不管是哪个市场）。

外汇电子交易平台和经纪人大有不同，但至少外汇交易的透明性的确保证了市场的有效性。例如，如果价格低于自认的市场价值，购买者会入市，反之亦然，直到价格恢复到自认的价值。据此，绝大部分的高低价位应该是一样的，因此如果一两个价格显示英镑/美元在交易时段的最低价是 1.8690，而另一个显示最低价是 1.8670，就要问问了。（最低资本只要 500 美元，一些活跃交易者会开两个账户，同时运行两套软件，能够监测多个外汇价格报价。）

交易者会发现即使是从未在该价格交易过，其止损订单已按照预想价格或接近价格成交，这就表示有人需要此类订单。如果滑点定期出现，这可能就不只是波动的问题了。订单会由于波动之外的原因出现滑点，知道这一点就能明白市场还有其他报价，这对交易者很重要。别对你经纪人的话奉若神明才是明智之举，倒要问问他其他交易者如何处理相同的订单，要么就直接自己上场。

平台稳定是关键

虽然不少人可能会强调应该根据其提供的附加性能来评判平台，但平台在市场波动期的质量和可靠性才是最重要的。我们可以通过七月非农就业数据发布这样的事件来检验，平台或许会因巨额交易量的压力崩溃，或者在使用前充分调查平台。在外汇论坛上听听其他交易者的经验非常有用，交易者对令其失望的交易平台一般都很坦白，而且，业内人士的讨论会让人长见识。

货比三家

刚开始做外汇交易时，往往会碰到专门兜售知识和交易机会、但提供的服务并非那么好的经纪人，时间长了，专业交易者和"半瓶子"专家之间的明显区别就显现出来了：执行能力很强、软件可信度高、价差具有很高的竞争性，最后，能留住专业交易者的经纪人更可能提供最好的整体服务，因此要留意找到并使用专业玩家用的平台。

应急方案

电子交易还要考虑一个问题，所有机构交易者都会这么说，与一个对手或经纪人交易相当于是自寻死路。交易机构绝不允许这样，他们会担心系统有时可能不可靠的风险以及信用风险。个人投资者也应该考虑这些潜在风险，为什么不呢？这可是拿钱在冒险呢。

显然，在普通的交易情况下没必要设立第二个账户，但在交易波动情况下，突然没了唯一的交易途径，交易者可不愿意承担这样的风险，担心的问题不仅仅是订单成交情况差，还有难以预见的联络中断或交易者平台意外死机的问题。外汇交易难得有因情绪突然转换而出现的交易良机，这时如果能在最可靠的系统上获得最好的成交条件，而且还有第二个交易平台做后备，就是再好不过了。但如果你的第一方案不管用，

第8章 别滑倒：在电子化外汇下单中处理滑点

而你早有防备，就还有机会获利。

选择能找到的最好的经纪人，有第二个账户备用，可以消除一些损失风险，但还有一些问题要考虑。你电脑系统链接速度快吗？稳定吗？时间稍有延后就会有天壤之别。如果交易设备的核心部分瘫痪，还有办法交易吗？能用电话交易吗？能立即找到这些电话号码吗？你是否授权其他人在危急时刻平仓退出？

一般情况下，如果经济数据被市场严重误读，市场就会出现急剧的变化，美国非农就业数据发布前后5分钟一直是变化最剧烈的时期之一，这时，知道滑点可能发生是非常重要的，如果会发生，就要做好准备。是有很多方法最小化滑点，但说到底，看出来其可能发生就需要做好准备，简单方法可以充分保证账户的资金，防止由于保证金不足被迫兑现离场。

平台举足轻重

虽然交易者有时会莫名其妙地被情绪迷惑，最后为盈利少买单的是交易者而不是经纪人。在电子交易环境中，会有无数的人推销不同的下单系统。要有所了解，货比三家，找到适合自己需要的，所有的市场跳空和订单都会滑动，但应该监测时间以及数量。价差风险和真正了解经纪人可能是外汇交易中最重要的问题，一定要问问经纪人这几个问题：

1. 你是否以订单执行良好著称？
2. 你提供的平台可靠吗？
3. 你是最好的交易专家吗？

交易盈利没有捷径可走，但了解经纪人，为波动做好应急方案会帮你减少一些麻烦。

埃尼斯·穆罕默德，CMC集团美国公司前经理，他曾在伦敦一家领先的证券交易商之间的经纪人公司担任货币市场经纪人。

本文首刊于2005年4月的 *SFO*。

第9章 外汇系统：控制交易速度

丹·布莱斯通

小投机者大军浩浩荡荡进入了外汇竞技场，装备好了十八般武艺和精深的科技要与大机构比拼。我作为交易和投资网站的编辑，一直跟踪行业相关趋势和热点，特别是针对外汇市场与自动交易系统的结合带来的众说纷纭，本章会介绍交易系统和外汇市场的重要特征，以及提供这些发展的平台以及外汇交易系统的回溯测试和自动化。

交易系统已经诞生了几十年，很多顶级交易者早已通晓了机械交易系统的奥妙。20世纪80年代，理查德·丹尼斯就让海龟交易者严守苛刻的规则，即机械性的交易系统。整体来说，使用交易系统是很多（如非大多数）业绩斐然的交易者取得胜利的核心。

系统是什么？

操作系统就是一套管理进出点的具体规则或参数。近几年的技术发展借由交易系统的使用为个人交易者大开机会之门，例如，多亏了互联网和个人电脑，原来要用几个月或几年的交易系统回溯测试分析，现在在几分钟之内就能完成，而且，交易系统能够完全自动化了，既能发出信号又自动执行交易。全球交易者在线上交流、讨论并分享策略正方兴未艾。

外汇市场是世界上最大且流动性最好的市场，政府、银行和大型机构的日交易额达到几万亿美元，交易量是股票和期货市场现金流总和的好几倍，而这一高流动性、波动性的市场最近才向主流交易大众开放。在20世纪90年代后期之前，投资人一般要有几百万美元的资金才能入

第9章 外汇系统：控制交易速度

市，但技术的发展以及互联网的普及将外汇市场带给了散户交易者。

要明白为什么交易系统和外汇的结合如此令人激动，就要看看其各自的优势，利用交易系统有如下益处：

1. 经过严格测试的交易系统让交易者有信心，并有交易原则的框架。

2. 交易系统将情绪排除在外，自动化的交易系统不像人，从不会猜测或被恐惧或贪婪误导。

3. 自动交易系统使交易者不必一直监测市场，人们开发和优化了一个有效系统，能独立运行。在这个24小时运行的市场，一些最好的外汇交易总是发生在半夜，不管你在什么地方。例如，如果美国人交易英镑/美元，在伦敦多变的市场开盘时，他很可能睡梦正酣。但自动交易系统就能让交易者一直用资本运作市场，还能让交易者集中心思想想如何优化策略和资金管理原则，而不是一直盯着市场。

4. 自动发出信号并执行订单使交易者能同时参与多个市场，而不是牢牢锁定一个市场变化，交易系统辨认信号并做出反应的速度越来越快。大家都能想象得到，机器在辨认交易信号并据此下单的速度肯定超过人类。

外汇市场的优势

外汇市场的确是一周五天、一天24小时无间断交易的市场，而且流动性巨大，一般情况下，交易者进出场都没有什么问题，不收佣金，只有价差，对一手交易没有固定数量，持仓数量具有极大的灵活性。市场的规模也庞大，任何一个个体都不可能长时间操纵市场。外汇交易商一般会提供很高的杠杆，有时高至400∶1，但谨记，这一点如果使用不当也会对交易者不利，很可能是造成外汇新手失败的最常见原因。此外，卖空外汇没有限制。市场波动频繁，时时都有大量的交易机会。

构成元素

开发交易系统，必须要考虑如下基本因素：

1. 市场和交易时间段；
2. 入场：促使买卖信号形成的肇因；
3. 止损：交易不利时，交易者切断损失的价格水平；
4. 利润目标：变现退出的价格水平。

在交易系统示例中，相对强弱指数这样的摆动指数可以作为过滤器，交易者只有在相对强弱指数超买时才做看多交易，在指数显示超卖时进行看空交易。在开发交易系统时，用的是参数或"原则"越少越好的传统智慧，这样的系统可以被编成程序，在交易平台上自动执行。完全自动的系统应该在虚拟和现实环境中进行严格的测试。

交易系统示例

基础性的系统可能看起来是这样的：

市场和交易时间段：欧元/美元，日交易。

入场：50日移动均线交叉超过200日移动均线时，买入下单；50日移动均线交叉低于200日移动均线时，就是卖出下单信号。

止损：距离入场价位50个点。

利润目标：距离入场价位200个点。

或者，系统也可以是半自动的，在入场机关被触动时发出警告，交易者就可以监控交易的设置情况。警告可以通过电脑声音提示，或通过电子邮件发送，或发送到手机上。半自动系统显然风险较少，因为交易者可以控制系统并手动执行交易。

自动化

现在我们来看看一些能够自动交易外汇的交易平台。Meta Trader 是 Meta Quotes 搭建的外汇交易平台，有一个内嵌式的编程语言，称为 MQL4，用户借其可以利用历史数据形成和回溯测试交易策略。MQL4 可以用于编写 Expert Advisors（专家建议），这些机械交易系统既可发出交易警告，又可进行自动交易。Custom Indicators（定制指标）是在整套内嵌式技术指标之外由交易者或其他 Meta Trader 进行创造的指标。

第9章 外汇系统：控制交易速度

MQL4 还是一个庞大、活跃的用户在线交流工具，大家讨论策略，帮助彼此解决编程问题。Meta Trader 平台服务于不同的大量外汇经纪人。

Trade Station 是交易系统开发、回溯测试和自动化的先驱。Trade Station 8.3 可以用 Easy Language© 技术设计和回溯测试外汇交易策略，在其平台上外汇交易策略可以完全实现自动化，而且现在还与经纪公司 Trade Station Securities 合并了。

Strategy Runner 是自动化交易系统的另一位革新者，用基于服务器的解决方案提供高质量策略执行的完全自动交易，在经纪人的安全服务器里为个人集中并执行策略，确保交易者电脑的技术问题不会干扰到交易。该平台也可以在任何时间进行调整或手动执行策略，并提供 Strategy Exchange（交易策略），这是由行业专家开发的自动化交易策略场所，个人投资者可以在此选择和建立自己的自动化系统组合，然后通过 Strategy Runner 自动运行。

还有一个 FXCM 引进的新式自动交易系统——Forex System Selector，可以让交易者并排对比几个系统，它还提供了50多个经过回溯测试的系统，交易者在这一平台上可以定制、管理多交易系统组合。此外，PFGBest.com 的 BestDirect Protrader 2.0 版平台在系统中加入了外汇交易，允许交易者开发和交易自己的自动化订单新策略，并监测几个自动化策略的进展。

外汇市场和交易系统已经共存，并将进行长期的演变，由于价差更小、执行更好、交易系统技术的不断革新和改进，未来的前景光明。

丹·布莱斯通，Traders Log.com 编辑，这是一家为活跃交易者和投资者服务的门户网站。

本文首刊于2008年3月的 *SFO*。

第10章 运用黑市经验

大卫·斯沃曼

1982年，我在芝加哥商品交易所货币期货场内开始自己的交易者生涯，但我第一次的货币交易发生在三年前，地点距离芝加哥9600多千米，我还在耶路撒冷希伯来大学进行为期一年的学习。

那时以色列的通货膨胀每年超过1000%，以色列政府不愿意承认以色列镑（现在是"谢克尔"）真有那么疲软，以不现实的高汇率设定了与美元的对价，想要通过货币控制防止货币贬值，因此禁止以色列人卖出不断贬值的本国货币换取美元。我总共有500美元的开支，原来还担心根本熬不完第一学期，但我发现美元不断升值，我一天比一天钱多。

把握交易时机

举个例子来说明一下美元惊人的购买力，学校每年的食宿费用是4 200以色列镑，这是我在开学时到以色列的价格，相当于每月约100美元，但我是到年底才缴费，到那时我用100美元左右就能换到贬值后的4 200以色列镑，只用了我预备资金的1/12。

以色列银行只能以官方汇率兑换，因此为了利用套利机会——我当时还不知道自己的行为还有这样一个称呼，我要在繁荣的黑市兑换，以色列政府对黑市不加限制，实际上允许经营，而且就在家门口，可以说任何地点、任何时间都能交易。

我一年里有好几次都与车站的陌生人、附近食品店的店主兑换美元，有时甚至是在银行外排队交电费的时候。

第10章 运用黑市经验

我对待地下经济与实际市场的交易是一样的心态。

交易大厅的前辈

但在很多时候如果我想去换钱,会去以色列的老城,那里大马士革门里面的阿拉伯大广场上,留胡子、抽手卷烟的倒手给的汇率最高。他们把客户像对待贵客一样请进自己狭窄的摊位,借卖脏兮兮的杯子里的热薄荷茶掩护生意。对我来说,走这一趟不仅仅是有利可图,还可以体验活跃市场的景象、声音和气味:屠宰店用钩子把整只羊挂在外面,五子棋骰子落在橄榄木上发出的尖锐声音,宣礼人宣扬遵守午时经的喊声,烤肉的香味,外来香料和各种各样的气味——有些熟悉,有些陌生,所有都混杂在一起,构成了刺激的商业气息。身在其中让人兴奋,又有一点害怕,我日后想起来,这与站在芝加哥商品交易所大厅场内也没有多大区别。

我的第一份经纪工作

我逐渐适应了在广场做交易,奔忙在小巷子里的倒卖人之间,先找哈米德,再去找阿卜杜拉,最后是纳吉布,然后再回去找哈米德,让他给出最后的好价格,这与我几年后在场内的做法还是没太大区别。

我还拓展了业务,为大学同学换汇,其中大多数人都不想劳神跟倒卖人打交道。我每次会收10%的手续费,但我会给最漂亮的客户免费——我首次引入了非美元利润,极大地丰富了我的社交生活。我四处宣传,客户越来越多,但几个月后,我发现业务和盈利出现下跌,看来出现了竞争者,他是个从纽约来的留学生,而且手续费只收5%,这就意味着我要付出两倍的努力才能赚到相同的钱。我直到多年后才领会到这精确预示了我日后外汇交易生涯的境遇。

这段回忆让我回味无穷,你可能奇怪这与理解当下的货币交易有什么关系。只要最近去过国外、做进出口或在全球范围投资公司的工作者就能明白我的意思:无法预测货币价值的风险,但别忘了它也带来机会。有曾经被美元贬值伤害过的人,就有某个傻瓜在某个地方发财,这是一场我们都参与的零和一的博弈。去年到巴黎的美国游客抱怨过一个只能看到埃菲尔铁塔的小房间就要600美元一晚上，景象与酒店大堂买的明信片没什么区别，而在美国大学的法国交换生对便宜的食宿就该乐疯了。

故事还没完呢

1972年芝加哥商品交易所开始交易货币，这是第一批金融期货产品，后来经历了近20年的飞速增长，零售订单、银行参与以及所谓的"当地人"——与你的情况没什么差别，在交易场内提供流动性的人数增加，为增长提供了燃料。但到了20世纪90年代中期，芝加哥商品交易所的货币交易开始下跌，纽约的一些银行扩展了货币交易业务，占领了芝加哥货币交易所开发的一大部分市场份额。银行能抢占交易所的风头有很多原因，但最重要的原因是路透集团开发了电子交易匹配平台，称之为Dealing 2000（现在这一代称为Dealing 3000），使市场参与者能够通过计算机网络交流。

这在今天听起来没什么意思，但在1992年就是一场革命。针对Dealing 2000取得的成功，全球最大的一些银行——可不乐意与芝加哥商品交易所或任何人分享外汇蛋糕——看到了电子交易的商机，要重新夺回他们在外汇市场等级中的正当优越地位，于是在1993年成立了银团，称为电子经纪服务公司，并建立了外汇做市商的线上网络，成为全球现货货币最重要的市场（整个现货货币市场称为银行间市场）。现在虽然路透集团仍然在外汇，特别是在英镑、加元和澳大利亚元上有很重要的代表性，但电子经纪服务公司在日元、欧元和其他所有重要货币对上是明确的领导。

舍与得

在电子经纪服务公司和Dealing 2000上进行的交易额以指数级增长，芝加哥商品交易所的货币业务看起来相应缩水，传统客户全都离开了交易所，当地交易者转向了其他场内，最终都去了电子市场。业内专

第10章 运用黑市经验

家自命不凡地预测交易所的老牌产品必定即将终结。作为那时参加芝加哥商品交易所董事会会议的一员，我知道有很多交易所成员都确信这么说没错。但电子经纪服务公司和路透集团基本上是封闭系统，仅限于银行和货币交易商，芝加哥商品交易所董事会认识到，如果能调整商业模式满足那些没资格在货币市场系统交易的人的需要，交易所的外汇产品可能会找到一个重要契机，夺回市场份额。

因此，从20世纪90年代开始，交易所实施了一系列创举，提高了在货币市场的地位，现在还在持续发展，其采取了最重要的两个措施，涉及将场内交易转换到Globex，这是交易所自己的电子交易平台。

首先，交易所允许客户选择是在场内还是在Globex进行交易，写作本文时，这种双向安排的结果是交易所全部货币交易的90%以上在Globex进行，交易所董事达成广泛共识，场内交易最终会关闭，或仅仅因为无活动而终结。

第二个举措更大胆，堪称是任何交易所尝试的最具创意性的理念，建立Globex外汇交易服务公司。

要找最好的外汇价格

Globex外汇交易服务公司是外汇交易市场的一个独特企业，是芝加哥商品交易所的子公司，由交易所出资，由20多位交易者和风险经理组成货币交易工作室，他们每天24小时交易交易所的每种货币，同时对冲他们在现货市场所做的交易。如果Globex外汇交易服务公司只是进行期货和现货套利的外汇做市商，那就没什么值得一提的，但是Globex外汇交易服务公司与其他任何一家交易公司的不同之处在于，其并不想通过做市活动盈利，虽然听起来难以置信，但的确如此。Globex外汇交易服务公司的目的仅仅是为了产生流动性，因此芝加哥商品交易所成员和客户能够在Globex上尽可能获得最好的价格交易。

Globex外汇交易服务公司的操作如下：寻找现货市场最好的外汇价格，将其转变成期货价格，然后根据期货价格在Globex上为特定数量的合约提供买卖价，等着对手以任一价格交易。如果Globex上有限额的订单能够按照转换后的价格成交，Globex 外汇交易服务公司就会积极行动执行订单。Globex 外汇交易服务公司如果在上述两种情况下进行期货交易，就会立即在现货市场进行对应交易，预防该风险。这时进行适当的对冲，Globex 外汇交易服务公司列出该交易，日后退出部分现货和期货以平仓。成功不是看每日的盈亏报告，而是看 Globex 外汇交易服务公司交易者进入该系统的买卖盘质量、他们在两面市场交易的次数和提供的价差有多小。

对比银行间市场

为了衡量这种理念的独特性，我们来看看银行间市场的情况，这里每个参与者在每笔交易上都想赚钱，你会发现：

1. X 银行与交易商签约，要求交易价值 1 000 万美元的加拿大元，交易商在路透集团查了一下主要买盘价——不太确定 X 银行是买还是卖货币，价格是 1.2015/1.2020。交易商确信买卖盘之间的价差足够，无论银行是买是卖都能有利可图。银行满意交易商的价格，发出电子信息，同意以 1.2015 的买价卖出 1 000 万美元，而交易商十有八九已经在系统上排队，系统出价高于 1.2015，交易商能获利退出。

2. 一家大型对冲基金管理公司与交易商达成购买价值 1 亿美元日元的订单，交易所会在电子经纪服务公司上找报价，如果他能以低价快速买入价值 1 亿美元的日元，就会把这笔交易加入自己的组合，然后将整手以高价卖给客户；如果无法以客户的价格找到足够的日元，交易商不一定非要将这笔交易加入自己的组合，但能在系统中寻找尽力满足订单的要求。然而，服务公司对客户生意的竞争很激烈，大型客户通常会给交易商施压，威胁要将期货订单发给竞争者以促使交易商满足他们的要求。交易商和客户的关系一般是爱恨交加，想让另一方盈利，但市场就要有人为此买单。

3. 银行雇佣交易商发起交易满足自己内部操作的需要，例如，银行会让交易商以 1.8850 卖出 2 000 万英镑。很多情况下，交易商的盈亏独立于银行，交易商会牺牲母公司利益执行订单获利。

4. 欧洲中央银行意外提高利率，使欧元对美元升值。交易商认为市场会急剧上涨，就为银行专属账户买入了2 500万美元的欧元。如果交易商有一个限额客户订单，是以更低的价格卖出欧元，会保证让交易商发一笔横财，他就可能为自己的组合买入订单然后执行。交易商可以选择将意外之财送给客户，说句公道话，在一些情况下交易商会避免扮演交易中本人的角色，而选择作为客户的代理人，大型客户大多会得到这种待遇，但并非一直如此。相反，在期货市场，因为受到商品期货交易委员会的监管，明文禁止与客户订单进行交易，商品期货交易委员会认为经纪人既做代理人又做本人本来就有利益冲突。但银行间市场没有监管，因此没有此类禁令。

讲个故事

因为银行间市场非常庞大，并由受过良好训练的专业人士主导，令许多散户客户望而生畏，如果你属于这一类，那就错过了一些油水很大的现成的市场机会。

我来说个小故事，希望能减少你的忧虑，带你进入外汇交易圈。我最近访问了纽约一家货币交易商的交易办公室，房间有玫瑰杯美式足球赛赛场那么大，屋里堆放的电脑比感恩节后一天开门迎业的商店摆在门口的畅销商品还多。我是和一个老朋友一起去的，我们一边说话他一边做交易。在一小时的时间里，他输赢各有一点儿，最后在日元交易上失利，赔了1 000美元。

当晚我们吃饭的时候，我听他分析了三个小时那笔愚蠢的日元交易和一顿牢骚。这个家伙一双鞋都不止1 000美元，一次性投入几十亿美元的货币入市大气都不喘一下，那他还有什么可恼的？当然不是钱的问题，交易者做过很多错误决定，但潜伏在每个银行交易者大脑里的想法是竞争者随时都会出现——更高效、更快、更聪明、技术更先进的人，就像我早先在耶路撒冷的对手，这使我们有必要付出双倍努力才能赚到同样的钱。

鉴于我的经历，好像有理由且很有可能无法避免重操货币交易的旧业。货币交易就像生活中大多数的事情一样，变化的事情越多，保持不变的事情也越多。在 26 年的时间里，我从在耶路撒冷广场倒手用美元换以色列镑，到在芝加哥交易所场内用美元换德国马克，再到在广阔无限的网络空间用美元换几十种不同的货币。地点和形式或许与我刚开始的时候不同，但目标是明确和永恒的——买低卖高，这是所有成功货币交易者都遵守的简单而不变的原则。

> 大卫·斯沃曼先生，在芝加哥商业交易所交易期货和股票长达 26 年，他曾为芝加哥商业交易所董事会服务 8 年。在 2007 年后期，他担任国际知识产权交易所公司首席运营官，该公司是全球首家以知识产权为主的金融交易所。可通过 dsilverman@ipxi.com 联系到他。
>
> 本文首刊于 2005 年 3 月的 *SFO*。

第11章 外汇交易时间段的神秘节奏

博瑞思·谢鲁斯伯格

在给交易者介绍外汇交易时，我们总是告诉他们这是全球唯一一周6天、一天24小时运行的金融市场。虽然这么说原则上没错，但实践中，外汇交易其实是由三个非常不同而且独特的日交易段组成，了解每个时段的真正特性和诡异规矩，对想要从货币市场往往矛盾的运行中获利的交易者来说至关重要。简而言之，如果你想在日内交易货币，就要知道外汇交易的神秘节奏。

跟着太阳走

货币交易跟着太阳的运行在全球展开。虽然日本是日出的地方，是这个市场第一个重要时段的非官方中心，但亚太交易实际上从新西兰的惠灵顿和澳大利亚的悉尼开始，最后才在东京全部开盘。纽约大多数交易者还在考虑周日晚餐计划时，亚洲已经到了周一，货币交易从东部时间周日下午5点开始，外汇交易成为每周第一个开盘的重要金融市场。

但是，一大早一般是大多数人清除眼上蜘蛛网、平静地进行沉思的时间，亚洲的交易时间段也是这样，一般是外汇市场最安静、波动最少的时间。在外汇交易三个大型中心里，东京的交易量最小，只占到日3万亿交易量的15%，亚洲时段欧元/美元只有20~30个点的幅度并不少见，缺少流动性促使买卖价差加大，英镑/美元的价差有时有6个点，而在伦敦和纽约时段，一般只有3个点的价差。

实际上在大多数时间，亚洲时段值得注意的唯一价格变化发生在澳大利亚和新西兰的商品货币上，两国一般在东部时间下午5点至7点半之间发布经济数据。日本也在东部时间下午7点至9点之间发布经济数据，但经济新闻对日元的影响往往不及澳大利亚元和新西兰元那么明显。为什么会不一样？答案与利率和套利交易有关。

日本20世纪80年代后期股市和房地产市场泡沫破裂，进入几十年悲惨的紧缩螺旋上涨期，至今尚未完全恢复，结果日本银行一路将利率减低到零，推行了零利率政策，以日本银行系统的巨大损失为代价迫切盼望刺激需求。最后，日本经济由于出口板块的支撑得以重现生机，但利率自18个多月前放弃零利率政策之后仅提高到0.5%，即50个基点。而且，由于日本消费者对需求仍然持谨慎状态，大多数市场参与者认为，日本银行会继续缓慢实施任何其他利率提高措施，因为日本货币机关非常警惕，以防破坏脆弱的经济恢复，因此日元仍然是世界上利率最低的主要货币之一。

有点像短期国债

外汇从本质上来说可以看作是超短期债券——每种货币都有该国央行设定的利率。经济活动日益频繁，央行往往提高利率，货币对投资人和投机人的吸引力加大，因此外汇市场非常重视经济数据，投资人竞相预测各国央行货币政策的走向，但日本的货币政策在可见的未来不可能发生变化，因此经济数据对日元几乎没有影响。

但澳大利亚元和新西兰元可不这样，两国的经济都从中国好似无法满足的资源需求中获得了巨大的利润，澳大利亚向中国提供工业金属，新西兰向中国出口食物，尤其是主食，这两个塔斯马尼亚经济体的发展熠熠生辉。以澳大利亚为例，2007年新增工作岗位超过235 000个，相当于美国新增4 700 000个工作岗位，无怪乎两国货币成为主要发达国家中利率最高的，澳大利亚利率6.75%，新西兰利率8.25%。

亚太地区这一利率的巨大差异没能逃过日本零售投资者的眼睛，他们在本国的存款利息只有可怜的50个基点，因此亚洲时段的大量流动实际上发生在澳元/日元和新西兰元/日元套利交易交叉盘上，投机者用日元换澳元和新西兰元，借利率差赚钱。

但套利交易要有很强的风险偏好，而且一般与股市运动联系，如果

第11章 外汇交易时间段的神秘节奏

投机商想冒险,哄抬股票,那么套利交易一般也会走强,但如果市场突然转为风险规避,套利交易会与股票一起下跌。

货币市场由于相对来说是连续交易,在价格上没多少跳空,但如果周五的纽约股市收低,风险规避持续到周末,那么日元在周日晚上开盘时会跳空高开,这不是因为日本经济自己的力量而是因为套息交易的扩展很大,在高收益的澳元和新西兰元上产生卖盘,在日元上产生买回。这两种力量(风险承受和风险规避)是亚洲时段交易的最主要推动力。

伦敦:外汇的心脏和灵魂

虽然外汇市场没有官方中心,但伦敦拥有近200个交易商,随时准备对全球几乎所有自由流动的货币展开交易,堪称外汇的心脏和灵魂。伦敦位于亚洲和北美洲之间,是全球的大型金融中介者,占有日交易量中最大的份额——35%。欧洲时段从东部时间早上2点左右开始,以锯齿状交易闻名。由于伦敦有众多的交易商,而且全都有长期订单,因此欧洲时段第一次价格变动一般是错误的,交易商是想进行止损并寻找支撑和阻力线。

这种动态称为"伦敦骗术"。交易商和投机商想看看他们可以把价格拉伸到什么程度,逼迫软弱的看空或看多者出局。当然,伦敦的第一次变动有时的确是正确的,因为其他人都想入市交易,从而形成强大趋势,往往还会延续到北美时段。

由于伦敦代表了最大的流动资金池,买卖盘大量收窄,EUR/USD交易一般有1.5个点的幅度,英镑一直是3个点左右的幅度。欧洲时段会出现短期交易在当日的一些最好机会,因为波动一般会随买卖盘价差而合约加大。

在东部时间早上4点到5点之间,交易所发布英国和欧洲的大部分数据,市场的注意力转到经济新闻上,英国经济数据大出意外会造成GBP/USD的大幅波动,货币对比一般意外时跳空上涨或下跌40个点都不足为奇,极其出乎意料的经济数据造成的跳空会大到上涨或下跌100个点。所有交易者——无论是基本面为重还是技术面为重——的经验是，要知道经济数据发布的日子，以及即将出现的潜在事件的风险。我看到过无数的技术派交易者声称"新闻无关紧要"，不等新闻出来就交易，最后落得被新闻发布会造成的混乱逼得立即止损退出，然后迷惑不解地看着交易自顾自地运行。

一般最好在新闻发布前暂停交易，然后根据随后的价格变动交易。如果你为风险做好了准备，也打探清楚了经济新闻的内容，提前交易可能是外汇市场一些最有油水的短期机会。

美国：关键时刻

东部时间早上7点左右美国时段开盘交易，欧洲时段发生的所有价格行为一般会在北美交易中反转，方向改变是因为考察重点的变化，欧洲经济新闻变为背景信息，美国经济数据发布登上舞台中心。

在欧洲和美国经济数据的战争中，美国新闻几乎是常胜将军，因为美元依然是全球的储备货币。很多情况下一些积极的欧洲区消息可能促使欧元/美元在伦敦时段走强，但如果美国数据对上涨不利，就会跌去大部分涨幅。这种来回波动的价格或许会令图表交易者一头雾水，但对理解投机性流动如何影响市场特别重要。

投机商在货币市场扮演核心角色，特别是在北美交易时段。虽然外汇交易市场旨在为团体提供一个对冲货币风险的途径，分析师预测，全部外汇交易量的整整95%都是投机性质。美国时段占有日交易量的约25%，但足有10%的交易量来自一个小镇——康涅狄格州的格林尼治镇，这里聚集的对冲基金比全球其他地方都多。交易圈有一个众所周知的笑话，如果你让康涅狄格州所有的对冲基金交易者都躺在这个州的沙滩上，那他们会覆盖整个海岸线。

虽然是开玩笑，但这一说法背后的现实就是投机性流动对货币市场的日常运行有巨大影响，而且经常出现夸张变动，远超过其价值点，不管该投机是银行和对冲基金自己进行的交易还是大量黑匣子进行的系统交易。

主线

看来每一时段之间都毫无联系,那有没有一条主线能让交易者形成一个跨三个时段的统一的短期策略?一般来说没有,但一个出发点总是有很强的预测力。前面说过,亚洲时段是最平静的,欧元/美元通常只有 30 个点的上下变动,但如果欧元/美元在亚洲时段在某一方向上强力突破,欧洲和北美就很可能跟随。

看看图 11-1 中的欧元/美元,11 月 6 日晚欧元受到中国人大常委会副委员长成思危的言论支撑在东京时间发生突破。他认为中国的货币储备应该更加偏向欧元等"更坚挺的货币"来抵销美元等"疲软"货币。随着消息的传播,货币对在东京的突破持续到欧洲时段甚至纽约时段。一般情况下,如果东京时段货币发生变化,就大有原因,交易者都知道要注意这个价格变化。

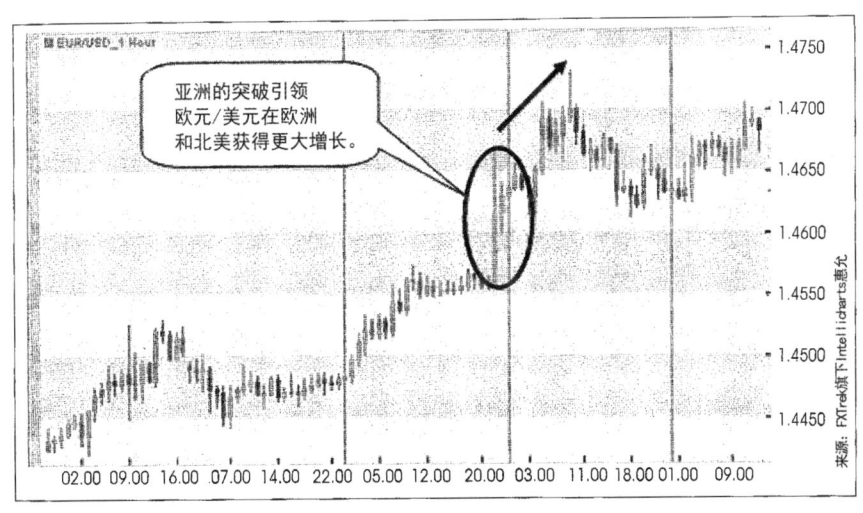

图 11-1　欧元/美元小时图

思考总结:平静表象下的风暴

外汇市场从外表看起来好像比较安静,如果消除掉杠杆因素,

EUR/USD 的平均日浮动幅度不足 0.6%，甚至低于死板的道琼斯工业平均指数的价格波动。但是平静的外表下面隐藏了大量的波动，没有比 2008 年 1 月初加元的运行更能说明这一点的了。

看一下图 11-2，在 24 小时内，图上显示美元/加元在 1.003 开盘，收盘 1.004，只有 10 个点的波动，但日内价格运行的幅度高达 1.008，低至 0.997，换句话说，虽然美元/加元一天只有 10 个点的波动，但日内变动加起来会超过 200 点！了解外汇市场的隐秘节奏会帮助交易者利用表面之下的所有变化，或许还会帮他们抓住其中一些点。

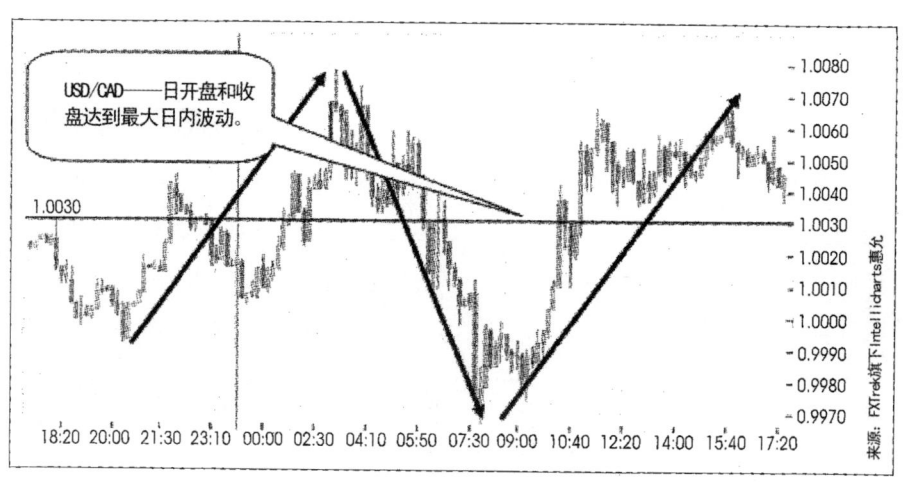

图 11-2　美元/加元 10 分钟图

博瑞思·谢鲁斯伯格，全球外汇交易公司外汇调研负责人，是全球最经常被引用的货币分析师，为美国消费者新闻与商业频道、彭博社、路透社和道琼斯提供评论文章。他与人合著了《百万富翁交易商：普通人是如何将计就计击败华尔街的》，并著有《货币市场技术分析：从市场变化与商人情绪盈利经典技术》。

本文首刊于 2008 年 3 月的 *SFO*。

第 12 章　交易交叉盘

吉拉·麦卡弗里·布莱希特

已经对交易主要货币对有了些许信心，并准备在美元/日元、欧元/美元、美元/加元和其他主要美元货币对之外寻找机会的交易者，你或许应该探索一下"交叉盘"。

交叉盘就是不包含美元、彼此交叉的货币对，例如，不交易欧元/美元，而是卖出欧元，买入日元，这就是卖出欧元/日元交叉盘，其他例子还有英镑/日元、欧元/澳元、澳元/日元、欧元/瑞士法郎、欧元/英镑等。

为什么要交易交叉盘？因为美元的负担太重，2009年1月间，美元还从避风港支持中获益匪浅，避风港也影响美元的运行。最重要的问题是作为全球主要的储备货币，大量因素推动美元每天在外汇波动中起起伏伏，根本不是直线增长或差别费率。如果有人认为欧元区有机会，可能更好地利用这个机会交易的对象是日元，要剔除美元因素。

交易者要记住交叉盘交易是相对交易，你是不是认为欧元区经济或货币比日元经济或货币势头更好？如果是这样的话，交易者会想买入欧元/日元；如果认为欧元区不如日本经济，就要卖出欧元/日元，都是比较而言的。

"交易交叉盘是琢磨货币、国内特殊新闻或发展的好途径，交叉盘的变动更加纯粹，如果受美元影响的话，变动就会打折。"Forex.com 的首席货币策略师布瑞恩·多兰表示。突出的例子是瑞士国家银行副主席的意见，他称瑞士当局或许会干预外汇市场，遏制近期货币的增长（2009 年 1 月后）。

几个小时的时间，欧元/瑞士法郎猛涨出三个大数字，从约 1.4750 涨到 1.5050。想利用此次瑞士新闻影响的交易者，如果是利用交易交叉盘而不是美元/瑞士法郎的话，会赚得更多。

图表

如果你的确想涉足交叉盘，重要的是要知道需要研究和分析交叉盘图和基本图，图上所有的技术水平线都很重要，都要监测。例如，如果你交易欧元/日元，实际上就要在欧元/日元图上进行传统的技术分析，日图、周图和月图上都有自身的重要支撑线和趋势转折点，外汇机构交易者看的就是这些对交易会产生影响的线。

但不只欧元/日元至关重要，这时欧元/美元和美元/日元的技术价格线都很重要，为什么？假设欧元/美元对穿过一个重要技术水平线，启动了止损并发动了一波新的市场运行，这就会影响到欧元/日元。这里的重点是外汇交易者要时刻把握交叉盘图和基本图上的技术水平，两者都会影响走势。

注意日元交叉盘

要找某个变化？查查日元交叉盘（即欧元/日元、澳元/日元、英镑/日元）。要知道，多年来日元都是外汇界高收益套息交易的融资工具。看看关键日元交叉盘的日图，你就会看到从 2008 年夏天前后到晚秋季节，日元套息交易出现大量下跌或退缩。当时美国股市下行，商品价格剧跌，美元由于有避风港而购买力全面上涨，然而日元实际上猛涨了 23%，全球交易者都退出了套息交易，不得不买回日元以平仓。

看看图 12-1，这是澳元/日元的月图，从 2002 年开始，其中伴随着大宗商品的欣欣向荣，澳大利亚（商品出口型国家）的货币对日元大幅上涨，澳元一直是高利息货币，多年来一直是日元的兑换对象，图 1 中最右面的运行表明了大幅跌势，因为从 2008 年 8 月~10 月大行其道的套息交易式微。从 2000 年 1 月下旬起，这一对货币对一直在 2000 年~2001 年低位形成的多年主要支撑线之上交易和持有。如果风险偏好

第12章 交易交叉盘

回归，这一货币对和其他日元交叉盘肯会在2009年后半年出现反转。

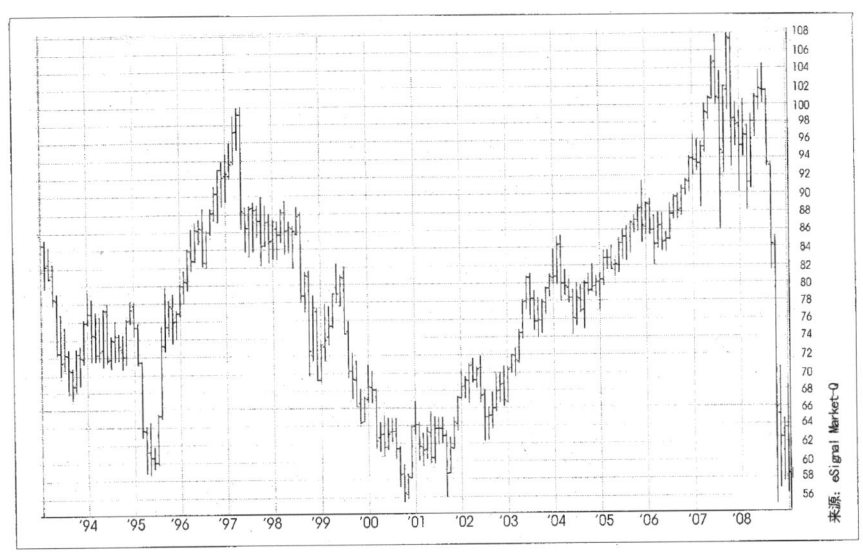

图12-1 澳元/日元月图

别聪明过头

最后另一个要记住的问题是，在酝酿交叉盘交易时，仅局限在交叉盘范围内。"这是交易者常犯的错，"多兰指出，"通过基础货币对操作交叉盘方案是个错误，如果你想的是交叉盘，就在交叉盘交易。"

也别自信过头，如果认为澳大利亚储备银行会降低利率而欧洲央行会无动于衷，别通过澳元/美元或欧元/美元交易将这个想法付诸实践，因为这个想法来自交叉盘。你根本不会知道一种货币"相对"于另一种货币会上涨或下跌多少，在针对美元的交易中亏本，但在交叉盘交易中就可能盈利。

交易前三思

交易外汇交叉盘时，要多考虑几个因素，最好是咨询一下外汇交易商，完全了解交易都会有什么结果。

基本货币

交易交叉盘时，交易有两个方面：主要和次要货币，主要货币列在前面。交叉盘交易中，没有美元的直接价值，美元会改变头寸和盈亏的计算方式。

Forex.com 的多兰称，交叉盘交易的头寸以主要货币命名（货币对中的第一种货币，如欧元/瑞士法郎中的欧元），而盈亏则根据次要货币计算。

保证金

保证金因货币交叉盘不同而异，要根据其对美元的相对价值。多兰举例称，"英镑/日元需要的保证金比澳元/日元的两倍还多"。这是因为1英镑的价值目前相当于1.36美元，而1月下旬1澳元则是0.65美元。

"重点就是要知道，而且别遭受突然袭击。"多兰解释说。

吉拉·麦卡弗里·布莱希特，18年来对金融市场著述不停。她的任职履历包括：《期货世界新闻》的芝加哥地区负责人，《桥新闻》市场分析师以及MMS国际的技术分析师。她已经通过了市场技术分析师协会特许市场技术分析师一、二级考试。

本文首刊于2009年3月的 *SFO*。

第 13 章 全球央行

凯茜·莲恩

在外汇市场，利率为王，推动了市场的技术面和基本面趋势，经济数据之所以重要仅仅是因为其帮助各央行决定是否需要改变货币政策。外汇市场的主要趋势一般是由利率预期驱动的，因此基本面派和技术派交易者密切注意利率走向就非常重要了。由于货币市场总是要形成趋势，技术交易者觉得知道大趋势何时继续和何时可能终止就有利可图。

图 13-1 是 2003 年~2007 年欧元区和日本的三个月伦敦同业拆借利率和欧元/日元，两种价格形态几乎是自己照镜子，显示了利率在决定货币对长期趋势时的力量。

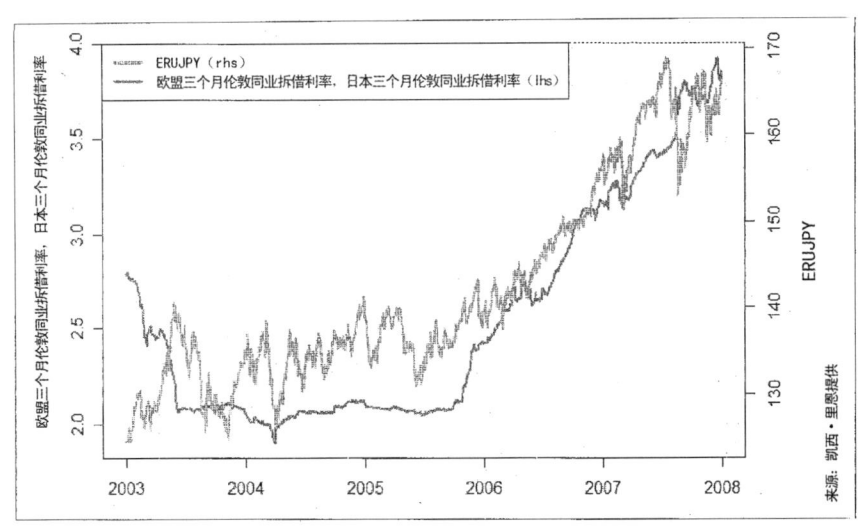

图 13-1　2003 年~2007 年欧元/日元及收益率价差

图 13-2 是 2005 年到 2007 年新西兰和美国三个月伦敦同业拆借利率和新西兰元/美元，图中利率和货币运行的关系也很清晰。

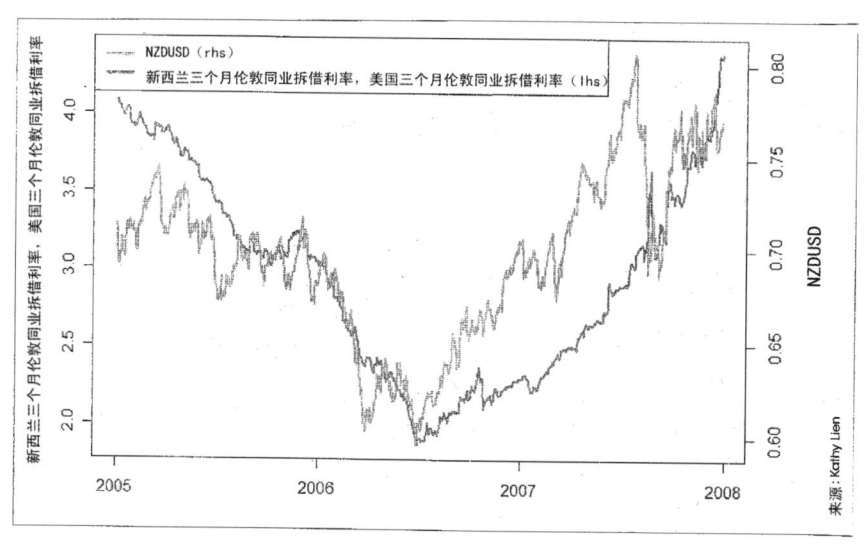

图 13-2　2005 年~2007 年新西兰元/美元和收益率价差

找到利率的走向很重要，但不容易，因为每个央行都不一样，下面是一些主要央行的内部信息以及注重点。

美国：联邦储蓄系统

1. 央行主席：本·伯南克。

2. 授权使命：维持可持续增长和长期价格稳定。

莲恩的内幕信息：伯南克 2006 年 2 月就任美联储主席，上任时，他发誓提高央行的透明度。通过提高膨胀和 GDP 预期的发布频率和预期水平，他在一定程度上实现了承诺。但在 2006 年 3 月，他以惨痛的方式领会了给媒体放大话的潜在危害，自此，他对什么该说什么不该说就非常谨慎了，也就是说交易者要特别注意伯南克的用词和语气变化。他在任的过去这两年，时常向市场压力低头，因此，如果市场以美联储的某种指向而定价，或许就可以放心地假设这就是市场将采取的运行方向，不偏不倚。

第13章 全球央行

欧元区：欧洲中央银行

1. 央行行长：让·克洛德·特里谢。

2. 授权使命：价格稳定和持续性发展。欧洲中央银行努力保持消费物价指数年增长低于2%

莲恩的内幕信息：特里谢是我最看好的央行行长，因为我尊敬他在货币政策上毫无废话的坦率发言。他在政治压力面前毫不动摇，一直努力提前几个月让市场为利率的任何潜在变化做好准备。美国次债问题的连锁反应在信用市场造成重大的流动性资金危机，而欧洲中央银行是第一个注入大量流动性资金以应对的央行。对于一个成立不到10年的央行，能够被声望颇高的美联储和英国银行相仿就是莫大的赞誉了。特里谢是唯一一个自去年信用危机中声望提高的央行行长，只要他说话，我们就该洗耳恭听，如果他说要计划提高利率，我们就不该有疑问。对于欧洲央行，我们要一直竖着耳朵听"高度警觉"这个词，特里谢自己将其诠释为利率下一个月会大涨的暗号。

英国：英格兰银行

1. 央行行长：金恩。

2. 授权使命：保持货币和金融稳定，通胀目标为2%。

莲恩的内幕信息：英格兰银行曾是全球最受尊敬的央行之一。格林斯潘离任后，英格兰银行有一段时间比美联储更受尊崇，主要原因是英格兰银行通过多种金融循环，积极引导了经济发展。但在2007年8月英格兰银行没能与美联储和欧洲中央银行一起注入流动性，信誉受到考验，应对迟缓的原因是去年信用危机的加剧。英格兰银行一直是一个生机勃勃的央行，因此，其利率决策会对市场产生重大变动，为了有效对付连续不断的经济数据，英格兰银行这个月采取"鹰派"态度，下个月就是"鸽派"态度，这是一个重要特征，落到英镑上，交易者要随时准备好有意外发生。

日本：日本银行

1. 央行行长：白川方明。

1. 授权使命：维持价格稳定，保证金融系统的稳定，因此央行的首要任务是控制通胀。

莲恩的内幕信息：我认为日本银行已经完全失去了信用，过去整整几年间，央行被日本政府捆住了手脚，而央行本应是独立的，但日本银行言行不一。前任行长一再重申想要在2007年前半年提高超低水平的利率，但行动仅仅停留在央行和政府官员的口头上，因此，日本银行的言论对市场运行毫无作用，除非我们能从日本政府口中听到与银行一致的言论。

加拿大：加拿大银行

2. 央行行长：马克·卡尼。

3. 授权使命：维护货币诚信和价值。央行的通胀目标目前为1%~3%。

莲恩的内幕信息：马克·卡尼是新一任央行行长，2008年2月就任，其前任大卫·道奇任职7年。就任前，卡尼是财政部的资深副部长，还曾在高盛集团服务13年，这证明他不仅仅是学究，他曾设计了政府持有加拿大石油公司19%股份的销售以及政府的税收信托计划，其他信息一无所知。

澳大利亚：澳大利亚储备银行

1. 央行行长：格兰·斯蒂文斯。

2. 授权使命：保证货币稳定，维持完全就业。央行的年通胀目标为2%~3%。

莲恩的内幕信息：由于劳动力紧缺，澳大利亚的经济较其他地方来说表现强劲，生产的商品不断升值，提供的服务满足了全球成长最快的国家的需要。因此，澳大利亚储备银行倾向于采取"鹰派"货币政策，不会出现让市场大吃一惊的行为，因为交易者一般能牢牢把握即将到来的每次利率的变化。

新西兰：新西兰储备银行

1. 央行行长：艾伦·伯拉德。

2. 授权使命：1.5%的通胀目标。

莲恩的内幕信息：通胀是新西兰储备银行的重头戏，因为如果不

第13章 全球央行

能实现目标,行长地位不保。银行经常表示,除非必要不会提高利率,因为不想助长套息交易的需求。但鉴于货币交易达到20年新高时银行提高了利率,我们就知道银行会不惜一切代价拉低通胀,而且言出必行。因此新西兰元的所有交易者都应该特别注意季度消费者价格指数报告。

瑞士:瑞士国家银行

1. 央行行长:让·皮埃尔·罗思。
2. 授权使命:保证价格稳定,同时要考虑经济条件。

莲恩的内幕信息:瑞士国家银行只在每一季度发布货币政策变化,虽然银行在四次会议中有三次提高了利率,可惜至今我们没看到银行对2007年利率决定有什么实质性的反应。

纵观全局

交易外汇的秘诀在于先于各央行采取实际行动前能料事如神。为了真正做到这一点,了解各央行的首要任务、各央行行长的言论是否举足轻重以及央行过去有何举措就很重要。例如,你或许现在意识到,即使日本银行表示要提高利率,实际上可能不会言出必行,而欧洲央行则几乎总是言出必行。

美联储是全球最受密切关注的央行,因此,伯南克即使保证要透明化也不得不小心措辞。他曾向市场低头,这个有意义的特征也要谨记在心。英国、加拿大、澳大利亚和新西兰的央行都有通胀目标,往往会促使他们采取"鹰派"货币政策,而瑞士仅每季度发布一次利率,货币政策变化缓慢。

鉴于货币市场趋势的力量,这一央行指南可帮助交易者先一步知道趋势何时会发生和多快会成形。

凯茜·莲恩，纽约 GFT Forex 公司的货币调查负责人，并在全球出版了《货币市场日内交易》。每日货币预测和更多货币交易信息参见 gftforex.com，她的博客是 kathylien.com。

本文首刊于 2008 年 3 月的 *SFO*。

第14章 交易外汇外来品种：冒一把险

博瑞思·谢鲁斯伯格

虽然外汇交易每个单日的交易额超过2万亿美元，但90%的交易都是在"主要"工业国家的货币之间发生：美元、欧元、日元、英镑、瑞士法郎及加拿大、澳大利亚和新西兰三种商品限制货币。

但全球化为很多欠发达国家开放贸易并增加了经济机会，其货币首次为散户交易者敞开。不少散户外汇交易者正着手在自己的平台加入新兴市场货币，在这些外来货币中找到了全新的投资机会。对愿意另辟蹊径的交易者来说，规模较小的新兴市场货币可能为货币市场提供了一些有意思的投机工具。

打破陈规

为什么外汇交易者要考虑新兴市场货币？原因很多。就像小盘股一般比大盘股能给股票交易者带来更高回报一样，外来货币也比主要货币收益更高、利率增长更快，这使交易老手从资本升值和高得多的收入来源中获利。此外，外来货币往往形成趋势更明显，因为其经济很可能依赖单一投资主题或产品。最后，更老练的交易者甚至可以通过交易新加坡元和日元，在外来货币上赌地区间的相对发展。

我们会重点讨论三个差异很大的新兴货币：南非兰特、墨西哥比索和新加坡元，说明所有交易者在交易这些货币工具前必须了解的关键问题。

波动很神秘，但风险并不神秘

对新兴市场货币的一个错得离谱的认识是，认为其比欧元或日元等主要货币的波动更大。这种误解很大程度上源自一些货币的平均日浮动更大，有时一天超过 500 点，像兰特的日平均幅度是 871 个点，新西兰比索每天平均运行 546 个点。但我们发现，标准化点价值后，外来货币的运行实际上比主要货币的一般运行还温和。兰特和比索的点价值现对于欧元和日元的价值来说都微乎其微，每一个点的兰特值 1.39 美元，比索仅值 0.9 美元，欧元的每一点值 10 美元，日元每一点价值 8.6 美元。大多数交易者很快发现兰特日变动的平均价值约 1 200 美元，与欧元每天 1 100 美元的变动大致相当。同时，比索变动甚至更平静，每天只有 491 美元，而日元的日幅度为 877 美元。虽然外来货币可能变动不大，但其无疑更有风险。看看图 14-1，图中显示了情况不利时新兴市场货币会出现什么结果。

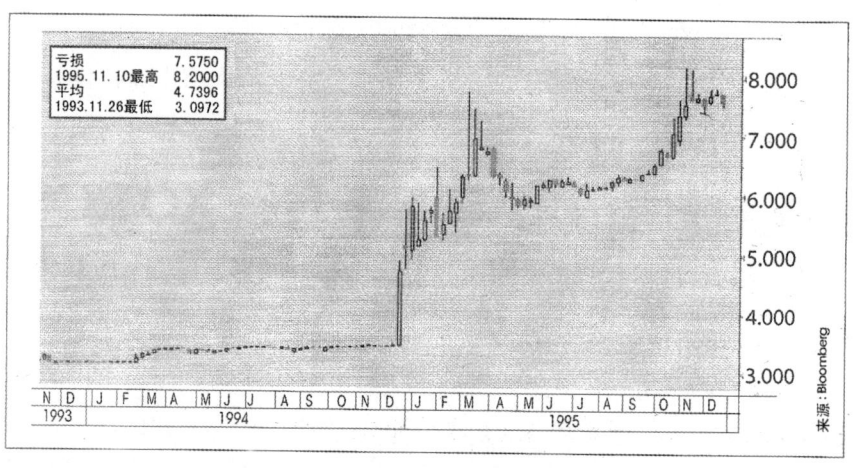

图 14-1 美元/墨西哥比索周图

当时，极其腐败的卡洛斯·萨利纳斯为了保证连任，发动了大消费活动，最后很快形成了几近 GDP 70% 的经常项目逆差。为了弥补政府赤字，政府发行债券，债券名义上是比索，但与美元挂钩，随着比索对美元贬值，迫使政府一直提高支出。更雪上加霜的是，竞选最有力的候选人路易斯·多纳多格·罗修当年三月被暗杀，几个月后，负责调查谋杀案的乔瑟·弗朗西斯科·鲁伊斯·马休同样被暗杀，这一系列事件在投资者中造成了重大的信任危机，比索遭到抛弃，快速贬值。

政治唱主角

"12月错误"说明了交易新兴市场货币时的首要原则——政治压倒经济。这就是为什么在交易外来品种时，至关重要的是要看当地媒体，同时不仅要跟踪经济发展，还要关注政治问题。在南非，交易者应该阅读《工作日》（http://www.businessday.co.za/）的经济新闻以及《邮政卫士》的全局政治报道；在墨西哥就要看《金融家》（http://www.elfianciero.com.mx/），虽然是西班牙文，但可以用 babelfish 这样的网站翻译成英文；最后在新加坡就要看《海峡时报》（http://straitstimes.asiaone.com/），有英文版而且不需要注册。现在我们来更详细了解一下每种货币：

南非作为世界首要的黄金生产国，其经济受商品价格特别是贵金属价值的杠杆影响特别大。丰富的矿产资源使南非经济在黄金升值时表现非常抢眼，很多货币交易者用兰特代替黄金，在黄金涨价时囤积，下跌时卖出。此外，兰特还有非常诱人的 8.5% 的利息，目前有 325 个基点价差，高过美元，比日元更是高出 825 个基点，因此兰特还吸引了寻求利息的套息交易者的兴趣，他们喜欢购买兰特，而不是瑞士法郎或日元那样的低利息货币。

套息交易和兰特

套息交易无非就是看多高利息货币，同时看空低利息货币，试图从两个利息差中获利。由于外汇市场巨大的杠杆作用，回报或许非常惊人。如果利用 10∶1 的杠杆看多南非兰特而看空日元，如果兰特升值，套息交易者单利息收入就有 82.5%，这还不包括资本的升值。

这就是为什么对南非兰特来说，通胀数字——设定央行利率的关键——是外汇市场每月非常重要的内容。处理通货膨胀，兰特交易者还要注意该国的贸易差额和 GDP 数字，前者衡量这个出口驱动国家的经济状况，后者最能体现该国经济的整体健康状况。总之，兰特为货币交易者提供了多样的利率策略。从其与黄金的密切联系、其在套息交易中的盈利潜力，到其作为非洲最大、最活跃经济体毋庸置疑快速的发展，兰特这一外来货币能够成为任何投机组合中的一员。

表14-1 墨西哥比索（以USD/MXN表示的MXN货币对）

央行	墨西哥银行
行长	吉尔勒莫·奥利兹（Guillermo Oritz）
利率	7.0%
货币交易主要动因	石油、美国生产需要
交易最活跃时间	东部时间早7:00~下午3:00

表14-2 南非兰特（以USD/ZAR表示的ZAR货币对）

央行	南非储备银行
行长	蒂托·姆波温尼（Tito Mboweni）
利率	8.50%
交易最活跃时间	东部时间早2:00~下午12:00
主要经济数据	通货膨胀、贸易差额、GDP

墨西哥是全球第五大石油出口国，比索享受了准石油货币的地位。实际上，如图14-2所示，比索与原油的关系更紧密一些，但墨西哥比索远非原油的代表。作为《北美自由贸易协定》成员国，墨西哥已经成为众多美国跨国公司的重要生产前线，成为美国的大型生产供应商，因此美国的经济需求对墨西哥的经济状况至关重要。此外，作为通向拉美的门户，墨西哥比索在几十年的政治腐败和国内冲突后显示了该地区的经济复苏迹象。但政治对于比索的未来仍然事关生死，如果墨西哥社会能够减少腐败，完全接受精英管理经济模式，该国的增长潜力是巨大的。同时，石油价格居高不下，吸引人的7.0%利率，以及该国作为生产中心越来越高的重要地位，吸引了资本，使投资人和交易者都郑重考虑其货币的潜力。

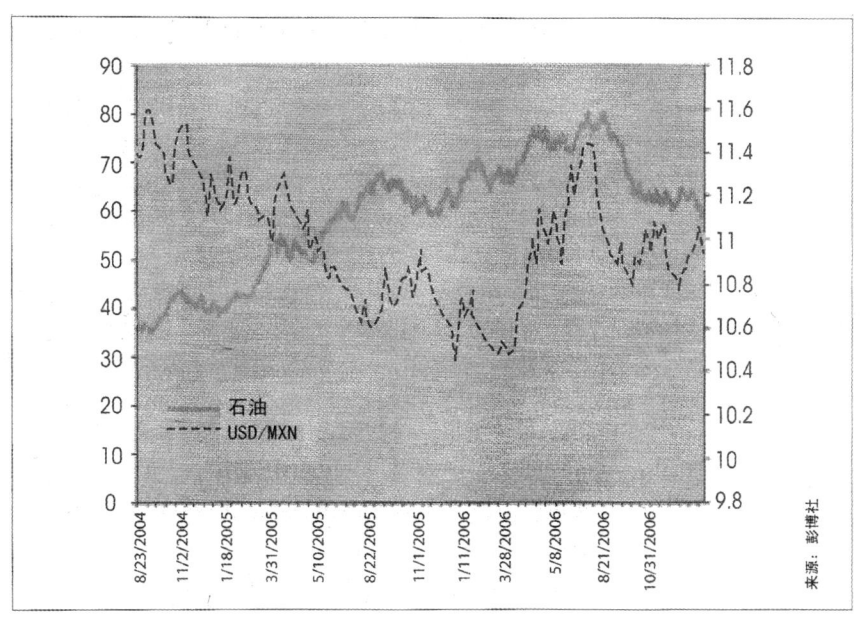

图 14-2 石油和美元/墨西哥比索（USD/MXN）

新加坡元（以 USD/SGD 表示的 SGD 货币对）

很多外汇分析师会认为将新加坡元称为新兴市场货币是个误称，再怎么说，这个城市国家人均 GDP 达到 29 000 美元，是全球享受最好生活标准的国家之一，仅稍低于法国。该国政治稳定，央行比任何国家的都有效率。新加坡已经成为亚洲的瑞士，是全球第四大外汇交易中心，仅排在纽约、伦敦和东京后面。

新加坡元按照加权指数管理，但可以相对自由交易，有很大获利潜力。该国的货币政策由新加坡金融管理局监管，其目的是创造稳定、吸引资金并支持经济增长，因此货币机构的言论受到市场高度重视，投资人皆严阵以待。而且自从新加坡具备高文化素质和技能的劳动力后，劳动力市场数字和消费者支出成为外汇交易者密切关注的两个标准，他们由此揣摩出未来货币走向的蛛丝马迹。

最后，不像日本还挣扎在疯狂且长达十年的通货紧缩余孽中，新加坡完全代表了亚洲新兴国家，成为 21 世纪的主要经济力量。虽然新加坡元只有 3% 的利率，比兰特和比索都低得多，但由于新加坡运行良好的经济和作为全球最活跃地区的策略立足点，新加坡元吸引了资金流入。

冒把险

无论你的交易是根据对石油或黄金的看法，还是参与到全球一些最活跃经济体的增长中，新兴市场货币给散户交易老手提供了众多的有益机会。一些货币的高利息就可以让交易更吸引人，交易者在等待交易到期时还能有收入。但如同操作小盘股一样，交易外汇也需要谨慎。这些货币还是会受到大量风险的威胁。想要参与这一市场板块的交易者只要用最具投机性的资金进行交易就行，虽然如此，那些冒险进入新兴市场货币交易的人会发现利润潜力非常诱人。

博瑞思·谢鲁斯伯格，全球外汇交易公司外汇调研负责人，是全球最经常被引用的货币分析师，为美国消费者新闻与商业频道、彭博社、路透社和道琼斯提供评论文章。他与人合著了《百万富翁交易商：普通人是如何将计就计击败华尔街的》，并著有《货币市场技术分析：从市场变化与商人情绪盈利经典技术》。

本文首刊于 2007 年 3 月的 SFO。

第15章　学习交易货币期权

阿尔伯特·布林克曼

世界日益全球化，使大多数人在日常生活中对一切都有了更广泛的视角，全球化的影响显然拓展到了就业，来自外国公司和劳动力市场的竞争加剧，对稀缺自然资源的竞争。这种新的世界观也使我们越来越需要知道和了解经济和政治事件及其对我们当今和未来日常生活的影响。

这一世界新秩序里包括经济面貌的一个重要部分，即是什么影响了全球的汇率，以及政府、经济和地缘政治事件如何影响这些汇率，最重要的是这一切会如何改变我们的生活。所有这些问题正在——如果不是已经——势不可挡地联系起来，迫使我们努力跟上世界经济形势。

投资者如果愿意完成看似复杂、往往纠缠得令人费解、望而生畏的学习过程，就能找到机会。个人投资者如果熟悉了全球经济，熟练掌握了外汇知识，就能获得盈利地位。

近几年，随着公司、交易系统和产品允许个人投资者投资交易外汇市场，这一资产类型已经进入了主流投资和交易领域。要想交易外汇，就要掌握这个市场的基本结构。本章不仅介绍了外汇市场的基本概况，而且说明了通过货币期权交易市场的可能性。

或许你对投资期权产品特别顺手，知道其策略，也知道如何应用到具体市场和对个别股市的预测，以及这些不同期权策略形成的投资回报情况，或许你已经了解了与期权有关的时间和波动元素，也一直在做期权交易。另一方面，在考虑交易现货外汇市场时，你或许不愿意开新户，或对几乎是全天交易的市场心有不安，或者不愿意凌晨三点从床上爬起来，这不是说你不能两手都做——现货交易和期权期权，后面会有解释，但最终你要根据自己的风险承受力和其他因素的适应程度，决定是否要参与外汇市场。

实话实说

期权就是期权，无论你是交易股票、指数、商品还是期货合约期权，基本原则不变，货币期权也不例外，期权合约本身的构成或许不同，如 VIX 期权、PHLX 黄金和白银指数期权，但交易构成——如时间延误、波动和风险系数都是在交易外汇期权时应该知道和考虑的因素。

不同之处在于基本市场，上市股票期权和其他交易所交易期权一般从东部时间早 9：30 交易到下午 4：00 开盘交易。但外汇市场几乎是一周 7 天、一天 24 小时交易，对于股权期权，基本产品的价格容易了解，而且只与一个因素有关——价格，但在给外汇定价时，要考虑两个因素：买的货币和卖的货币。我们看看下面的例子，有助于你更好地了解外汇市场的"价格"。

价格是什么

你平时如何看价格？要我说，我会关注要花多少钱来买东西，我会用美元来衡量，也希望价格用美元表示。

如果要交易外汇，就要从不同角度看价格。怎么看呢？假设你要买六盒一套的饮料，六盒的价格是 6 美元，就是说你支付 6 美元，就买到一套。换句话说，你买的是饮料，卖的是美元。这笔买卖是一笔交易。注意，在一笔买卖中，你每买一个，就要卖出另一个（这不是两笔买卖）。反之，你每次卖出，就要买入作为交换。换个说法，你可以说商贩用饮料买了美元，但我保证我们大多数人都认为商贩的工作就是卖饮料及其他东西。那 1 美元与六盒一套饮料是什么关系？显然是六盒中一盒的价格。

这样看待买卖——本例中涉及美元，说明你要知道外汇市场是如何看待价格的，买入一种外汇就要有对价物，通常是美元，但也不全是。而且你还要知道多少物品才能换到对方的另一个物品。用美元作为标

第 15 章 学习交易货币期权

准,问题就变成,用多少美元才能换到一个外币单位。例如,为了买入 1 英镑,要支付 1.96 美元,相反,1 美元会换到多少英镑,也就是 1.96 的倒数,即 0.51 英镑。

上场

现在你已经掌握了——虽然过程辛苦——外汇市场的定价准则和交易,下一个要了解的就是在看即期或现货交易市场报价时,怎么就知道用了哪种定价准则。

即期外汇汇率有两种表示方法:一种是"美国"法,即一单位外币兑换多少美元,另一种是——你猜猜,"欧洲"法,即一单位美元换多少外币。明白了?

外汇市场与期权市场并无不同,经常出于好玩,给本质相同的东西另起个名字,就是为了让你小心谨慎,别打包票。话说到这里,"直接"报价就是指一单位外币兑换多少本国货币(美国的话就是美元),当然,"间接"报价就是一单位本国货币兑换多少外币。更清楚了?

好,那我们就来综合一下,"基础"货币和"条款"货币是什么意思?基础货币是基本或固定货币,例如在美国法中,外币就是基础货币,因为外币在买卖中是固定到一个单位的;条款货币在买卖中就是美元,与外汇构成货币对,报价时基础货币在前。

外币期权策略

至此你已经知道了解读外汇报价和定价的基础,了解了通晓这些原则的必要知识,认识到需要调查和关注哪些全球地缘政治和经济事件的关系,那就让我们把基础知识融会贯通,应用到期权市场,这种工具你会用得得心应手。

总体而言,货币是某些特定情况下做期权交易时的好对象。如果你只想交易现货市场,一般从更长远的眼光看,货币属于价格趋势性很好的资产类型,前面提过,现货交易更像是日交易,利用了非常短期的波动。在期权上要从长计议(这里的"从长"要超过一天,或许是持有现货市场头寸一周左右），以期抓住可能通过技术分析等手段确定的货币趋势。要记住，交易现货市场，不是说就禁止利用在分析基本货币时形成的长期看法进行期权交易。此外，期权的灵活性也能够让你设定具体的风险管理架构，明确限定风险/回报参数，能够在基本条件变化时调整交易头寸。

货币期权的另一个用途是利用经济新闻或其他预测性事件，如利率变化或地缘政治事件。重复一下，期权头寸的架构能够提前设置风险/回报参数，具备调整的灵活性，并通过期权账户快速、顺利增加或退出头寸。

最后，对冲货币风险，无论是在现实还是预计中，是货币期权的另一项用途。再重复一次，产品的灵活性、进退方便、通过简单计算就能进行对冲，使货币期权成为对冲的理想产品。

对利率的影响

在考虑开始交易货币期权，并分析各种或许用到的期权策略时，要了解对货币期权定价有影响且决定价内、平价或价外货币期权交易价的一个因素。在股票期权定价模型中，模型的一个输入值是利率，大多数是"零风险"利率。

但在外汇圈，要以新眼光看待利率。你知道在货币交易中，一般涉及两种货币：买入货币和卖出货币。货币交易者想要在现货或即期市场之外或在即期交易日的"远期"确立交易，他们会把这个远期日代入计算，计算所谓远期或"掉期"汇率，以期抵销两种货币的利率差。设定这个汇率包含几个因素：当前即期汇率、两种货币的利率差和提前交易的时间。这些远期汇率以微分计算，远期时间越长，差越大，差会用当前即期汇率的加价或折扣显示，用基点表示。例如，如果英国的利率比美国利率高，就会从即期汇率中减去基点数。

你会问这为什么对货币期权交易者来说重要。在分析和考虑进行期货期权到日期交易，在分析中用当前即期汇率作为基本汇率交易 ATM 期权时，你或许会明白，在用希腊货币交易 ATM 期权时，你认为的

delta（变量增量）是 ATM 交易期权，但并没得出你预计的数值（+/-0.50）。这是因为你真正应该用的 ATM 期权值已经计入了利率差，会反映到掉期汇率的加价或折扣上。图 15-1 是远期掉期点用在期权中的例子，图 15-2 是世界货币期权交易的例子。

> 欧元即期汇率（5月）1.2931
> 选择期权交易价格：
> 世界货币期权交易价的表示类似指数交易价，小数点向右移两个位置。
> 举例来说，当前即期汇率的交易价显示为 129 129.5 和 128.5。
> 想想远期（掉期）汇率：
> 利率：美国 5.2%，欧盟 4.2%
> 当前即期汇率加上 100 个基点，得出 12 月远期即期汇率 1.3031。
>
> 买入 12 月 ATM 期权，即 130 交易价期权：
> 期权的加价是 1.15 美元，即每份期权合约 115 美元。
> 欧元在期权到期时上涨到 1.34。
> 130 看涨期权的价格在到期日是 4 美元，即 400 美元（1.30~1.34）。
> 看涨期权会被卖出平仓或被执行。
> 利润计算：
>
> 交易收益（执行）　　　　400 美元
> 期权成本　　　　　　　 −115 美元
> ─────────────────────────────
> 交易收益　　　　　　　　285 美元

图 15-1　远期掉期点应用到期权

> 日期：6月18日
>
> 12月期权到期（12月21日）
>
> 利率：美国5.3%，欧盟4.2%
>
> 掉期汇率通过公式计算，包括两种货币的利率、时间、当前即期汇率，100个掉期点减去即期加价（因为美国利率高于欧盟利率）。
>
> 当前欧元即期汇率：　　　1.36
>
> 掉期点：　　　　　　　　+100
>
> ─────────────────────────
>
> 12月21日远期汇率1.37
>
> 1.37＝ATM12月到期期权当前的即期汇率
>
> 1.37会用作基本价值，并与其他期权定价因素，例如时间和波动一起计算期权加价值。

图15-2　利率"掉期"点和期权示例

打开门

尽管在现货货币期权交易时要考虑几个新因素，但相对而言，这几个因素容易掌握。货币期权交易成功的关键是了解外汇交易市场的基础知识。用些时间了解这个市场和外汇交易的勃勃生机，会给你一个激动人心的新机会，将交易扩展到一个新的资产类型。

外汇交易继续在交易者中普及，货币期权向期权交易者打开了通向这一活跃、富有挑战而且不断扩大的资产类型的大门。

> 阿尔伯特·布林克曼，费城证券交易所的期货衍生品营销负责人，作为该交易所成员，他在期权和股权交易大厅从业20年。布林克曼还是OIC的教员，全年为交易所向行业和投资团体就指数、证券和货币期权举办研讨会和专题讨论会。
>
> 本文首刊于2007年9月的SFO。

第三篇　外汇交易策略

最后一部分介绍具体的交易策略，外汇市场的独特特征使其与股票或其他商品相比独树一帜，货币对的基本指标当然也与玉米、石油期货或微软股票的基本指标大有迥异。交易货币就像是交易一个国家的整体前景，因此博学的交易者至少应该初步了解交易涉及国家的基本情况。

大多数货币交易者综合基本情况和技术指标加以利用，但日交易者和长期趋势跟随者之间的手段可能差别很大，技术指标在外汇中的功能也有不同——有几个已经过时，一些指标的运行方式已发生变化。而且货币的交易参数会影响指标的作用方式，因为外汇市场是24小时交易，没有真正的开盘和收盘。

布瑞恩·多兰会——说明他最常遇到的外汇交易陷阱，包括过度交易（在24小时运行市场确实存在的倾向）以及忽视止损等风险管理工具的后果。凯茜·莲恩讨论了趋势分析、最流行的货币分析风格以及在确定趋势时她最可信的工具。

约瑟夫·特雷维萨尼和博瑞思·谢鲁斯伯格说明了基本面的重要性，以及为什么即使是最短期的日内交易者在面对交易外汇市场时也需要加以注意，他们还会告诉你哪些基本面应该密切留意，哪些则不太重要。

套息交易在过去10年里，一直是在货币市场赚钱的常用策略，但利率变化从根本上改变了游戏。詹姆士·陈会分享一些秘诀，教你如何在当前波动的全球经济形势下利用套息交易玩转市场。

第16章　午休交易：日交易货币市场

凯茜·莲恩

外汇市场对个人投资者大开方便之门，近几年一直吸引着日交易者。在股票和期货市场，如果你要以交易谋生，或老板足够大方，不介意你每10分钟看一次报价，你才能做个真正的日交易者。但货币市场与此不同，在上班前、下班后，若你坚持在上班时也行，货币市场都能有实实在在的日交易机会。

货币市场是全球唯一真实的24小时交易市场，日交易量最大，有三个主要交易中心，流动性充足，新闻时时传播，日交易者依据日内波动带产生快速的大幅市场波动，大多数人认为交易就难在这里，他们只好全职在股票和期货市场进行日交易。对于东海岸的交易者，欧洲市场是在他们上班前开市，日本和澳大利亚市场则是在下班后开市，有足够的机会很快赚上20或30点，这在外汇市场就是200美元或300美元。东海岸的交易者更胜一筹，他们可以上班前在美国和伦敦的重叠交易时间进行交易（东部时间早8：00~12：00，太平洋标准时间下午5：00~9：00），这是货币市场发生最大幅运行的时间。

运行原理

日交易者可以快速进出交易，大多数经纪公司都不收佣金。其他很多市场，交易者要按照最大价差支付佣金，而货币交易者只需要支付买卖盘价差。由于经纪公司或做市商之间竞争的残酷，价差已经低至3个点。用百分比计算，货币的日运行幅度很小，欧元/美元通常的100个点的变化仅代表0.4%的运行，对大多数交易者来说，这点波折很可能都小到不值得眨一下眼。但外汇市场的杠杆效用很大，一些经纪公司提供高达200：1的杠杆，这即是说，微小的波动可以有四两拨千斤的作用，这就要小心了，滥用杠杆会有风险，因为损失会与收益的放大一样容易。现在你有点知道为什么外汇这么适合日交易了，那就该来专门研究一下日交易货币的复杂之处。

选择适合的币种

并非所有货币对都适合日交易，日交易需要有波动，这样才能在24小时内进出交易并带来可观的利润。日交易幅度在50或80个点的货币对几乎没什么交易机会，日交易者很可能每次都会牺牲20个点的利润。另一方面，平均日运行幅度在150个点或以上的货币对，就有大量机会很快赚到30、40，很多情况下甚至50个点的利润。在货币市场，还有老少咸宜的东西。对于保守日交易者，欧元/英镑和欧元/瑞士法郎波动较小，而英镑/日元和欧元/加元是外汇市场的所谓"谷歌"股票，一天内经常过山车。这些货币对活跃的高风险对日交易者再适合不过。

关注最活跃的交易时段

日交易产出最大的方式是集中关注交易最活跃的时间段，一般是交易的实际市场参与者数量最大时。根据国际结算银行2007年发布的央行调查三年报告显示，外汇交易活动的详细情况见表16-1。

表16-1 总交易量的百分比份额	
英国：	31%（最活跃的交易中心）
美国：	19%
日本：	8%
新加坡：	5%
德国：	5%
中国香港：	4%
澳大利亚：	3%
瑞士：	3%

第16章 午休交易：日交易货币市场

如果把英国和美国的交易量加起来，总交易量就占到整个市场活动的51%，再加上德国和瑞士——与英国差不多同时开盘，就是60%，因此在欧洲和美国市场时间重叠时，交易最活跃就不奇怪了。第二个最活跃的时期就是欧洲与亚洲市场重叠时，在亚洲尾市和欧洲早市，整个市场活动会在30%~50%之间。因此对于日交易者来说，这些重叠时间是交易的最好时机，因为交易总是最活跃的。看表16-2里一天中一般会发生重叠的市场时间以及每个市场的开盘和收盘时间。

表16-2 市场时间（东部时间）	
亚洲时段	晚7：00~早4：00
欧洲时段	早2：00~12：00
美国时段	早8：00~下午5：00
欧洲—美国重叠时间	早8：00~12：00
欧洲—亚洲重叠时间	早2：00~早4：00

留意报告

经济数据也是市场运动的良好催化剂。美国经济数据一般在东部时间早8：30~10：00发布，欧洲因为有很多国家，数据会在早1：45~6：00之间任何时间发布，最集中的是在早4：00~5：00。但英国央行的报告会在东部时间早7：00发布，而欧元区银行的报告会在东部时间早7：45发布。至于亚洲市场——包括日本、澳大利亚和新西兰，经济数据会在东部时间下午7：30~早2：00发布。在外汇市场，夜猫子、早起者和失眠者都有事干，因此，无论你在一天中的哪个时间交易，都有开放的市场和发布的新闻供交易者驻足。

研究稍短时间图

虽说日交易的前提是不持股过夜，但日交易者的实际做法另有乾坤。一些日交易者仅用五分钟图，而另一些人则偏爱小时图。无论怎样，聪明的交易者总是要得到验证信息才行动。如果你使用五分钟图交易，就可以用30分钟或60分钟进行验证；如果用小时图交易，验证就用日图，关键是确保图里稍微长时间趋势与稍短趋势不矛盾，还会包含更多的市场波动信号。久经考验的简单日交易策略是采信五分钟图上随机指数指标发出的超买超卖信号，但前提是60分钟图上的随即指数验证了货币的走向。

我们在美元/日元上用这一策略举个例子。USD/JPY 的平均日波动幅度是 99 个点。图 16-1 是显示慢随即指数的五分钟 USD/JPY 图。如果我们不进行验证，只要随机指数超过 80 再跌回 80 之下就卖出，只要随机指数从 20 以下开始上涨就买入，这种策略会形成四笔交易，如图 1 所示，有两笔不盈利，这还不错，但如果我们用 60 分钟图的随机指数进行筛选，就会避免两笔不盈利的交易。图 16-2 显示，到东部时间早上10∶00止，随机指数指标都在上涨，这表明涨势强劲，任何下行后的回调可能都是浅尝辄止。

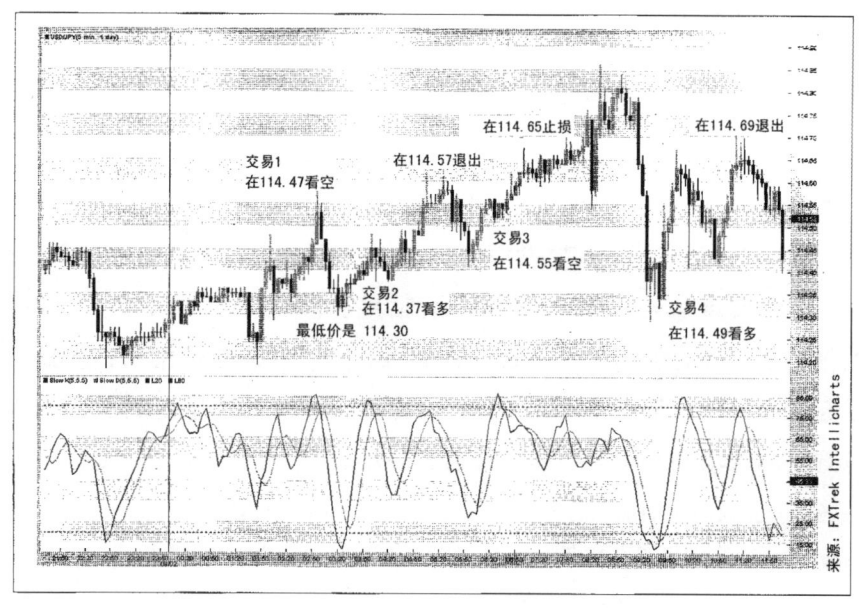

图 16-1　美元/日元五分钟图

第16章　午休交易：日交易货币市场

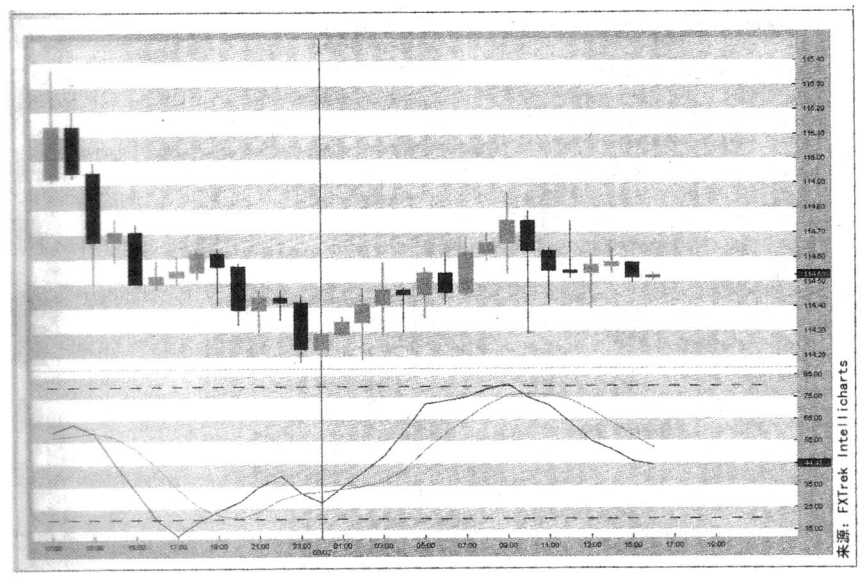

图 16-2　美元/日元一小时图

挑选在线外汇经纪人要考虑的问题（来源：Forex.com）

1. 是否受监管且财务状况良好

第一步，访问美国全国期货协会网站 www.nfa.futures.org，确定该公司是否是注册期货佣金商，在注册公司中找监管记录无污点而且财务状况良好的公司。

2. 谁管理公司

管理层的专业性是不容忽视的关键因素，公司交易经验和执行质量水平会反映在管理层的外汇交易水平上。一定要看看员工简历，评估公司管理层和交易经验的实际水平。

3. 公司提供的杠杆有多大

好事也是过犹不及吗？对杠杆来说是这样。杠杆过高的公司不会为客户的最大利益着想。基本原则是不要找标准交易账户（100 000）杠杆超过100：1、迷你（10 000）账户超过200：1的公司。

4. 有哪些资源

评估所有公司提供的所有免费和收费工具，包括图表、新闻、调研、无线交易等，接受培训和教导也是重要的帮助，对外汇市场新手很有用。外汇经纪公司应该提供学习服务，既能帮助新人了解市场，也能帮助有经验的外汇交易者继续学习更高深的交易策略。

5. 是否提供24小时客户服务

外汇是24小时交易市场，因此24小时服务也是必要条件。你能通过电话、电子邮件、即时通讯等联系到公司吗？回复人够水平吗？各公司提供的服务质量可能有天壤之别，一定要在开户前先亲自体验。

6. 平台稳定性如何

开一个练习或测试账户，试试公司的交易平台，成熟的平台直观，显示实时盈亏，能进行头寸管理。24小时市场必须有高级设定订单，不仅有止损和限价订单，还应该有复杂形式的订单，像如果/那么订单和跟踪止损订单。测试账户应该提供实用系统的全面服务和支持，试验平台的全部功能是决定取舍的重要因素。

一旦你完成了尽职调查，对公司的交易平台和客户服务觉得满意，再准备开户。

收紧止损

日交易最重要的原则是收紧止损，如果你只想获得20或30点，而止损设定为10或15个点，那最好确定自己的策略是否正确，因为要确保盈利交易数量远远超过不盈利交易。想获得50或60个点而止损为20或30个点也是同理。如果你交易的货币对运行幅度更大，想获得50或60个点，止损设定为15个点，只有少数的大利润交易，你很可能会有亏损。无论如何，进行日交易的首要原则就是要自律并务必收紧止损。有限制条件有助于防止交易者沦为过度交易的牺牲品。

货币市场给日交易者提供了大量机会。就跟你周围的7-11便利店一样，市场永远在交易，有全职工作的交易者也能非常容易地进行交易。但谁也不愿意在休闲时间每一分钟都盯着屏幕，寻找最好的机会，

第 16 章　午休交易：日交易货币市场

实际上这也是大错特错，会助长过度交易。要想在日交易外汇上获得真正的成功，找出合适的交易对和交易时间是非常重要的。此外，日交易中，你的交易要么成功要么不成功，因此要收紧止损，在交易前一定要在其他时间段图上找到验证信息。

> 凯茜·莲恩，纽约 GFT Forex 公司的货币调查负责人，并在全球出版了《货币市场日内交易》。每日货币预测和更多货币交易信息参见 gftforex.com，她的博客是 kathylien.com。
>
> 本文首刊于 2008 年 3 月的 *SFO*。

第17章 日交易即期外汇时三思而行

博瑞思·谢鲁斯伯格

"有了100∶1的杠杆,一笔交易只赚上10个点,一天做上几笔,只要3 000美金我就能发了。"

外汇交易新手嘴里这样的口头禅我都听得耳朵出茧子了,每次都是报以无奈的摇头,我知道他们几乎是注定要失败的,但我也知道,这种时候几乎不可能动摇热情的新人刚刚认定外汇交易能致富的信心。

"祝你好运。"我会简单回应,同时在想或许他会在赔进第一笔资金时能有更清晰的认识。

如果新手问我"怎么进行外汇日交易"时,我一成不变的回答是"我不做。"

这不是说我——以及其他更有经验的人——不做日交易,但要来了解为什么外汇交易更适合头寸和波段交易而不是日交易,我们首先要分析即期货币市场和其他电子交易市场,如股票、期货和期权有什么关键的操作差异。

交易商而不是经纪商

即期货币市场,不像股票市场、期货市场和期权市场那样有集中的交易所,而是完全分散的市场,没有任何统一的交易所。股票、期货和期权市场的散户交易者通过经纪商——收取佣金的交易代理老谋深算参与市场,即期外汇市场的散户交易者直接入市与交易商——作为交易本人——进行交易,实际上是交易的对手方,因此零售即期市场是一方对一方的市场。

第17章 日交易即期外汇时三思而行

我过去说过，这种市场意味着散户交易者在交易时必须非常小心，要与信誉最好、受监管的交易商交易，但这里讨论的关键问题是即期外汇市场是价差市场，不是其他主要市场那样的佣金市场。交易商不向交易者收取任何佣金或任何交易所费用，但要求所有买入订单按照卖价交易，所有的卖盘按照买价执行，买卖价的差额——价差，就是外汇交易商赚的钱。

我们来看看这种商业模式的不同会如何影响散户交易者的营利性。在集中化电子市场，如芝加哥期货交易所的迷你道指期货，所有交易者支付中介佣金，但也能在集中化电子订单记录上贴出买卖盘。我交易迷你道指期货时经常只交易4个点，但我总是按出价买入，按买价卖出，也就是说，我只利用价差就能赚到整整50%的利润。

我们再举个例子，以便完全理解其中含义。假设迷你道指期货的交易买价是10700、卖价是10701，我启动交易。别忘了，我是超短时段交易，基本上都是买入便宜货，然后很快倒出去，就像南海滩的公寓一样。但我如果被迫按照卖价10701买入，在价格达到10704时按照买价卖出，我实际上只赚了2个点（10701买入，10703卖出），而不是预想的4个点。从本质上来说是我赚了做市商一把，赢得了价差，因此这种交易方法在期货市场可行。我的很多同事都在下班后交易点证券，用的就是股票市场的一套技巧，但我们谁也没想着在交易即期外汇时这么干。

假设你是即期交易者，想在超短期时段交易，止损10个点，盈利目标10个点。再假设你只交易欧元/美元，这一货币对日交易量为1万亿美元，是全球流动性最大的一个金融工具。因为巨大的流动性，欧元/美元的价差是外汇里最小的，一些交易商的价差只有1.5个点，几乎没人会有3个点以上的价差。

但为我们讨论方便，假设欧元/美元日交易是10个点的限价订单，10个点的止损，2个点的价差，情况会怎么样？如果欧元/美元的交易价格是1.2400/1.2402，交易看多，就要在1.2402买入，在1.2412卖出，才能把10个点收入囊中，那么价格实际上要涨12个点——欧元/

美元的买价是1.2412，卖价是1.2414，才能实现盈利目标。另一方面，如果止损是10个点，价格只要跌8个点，买价从1.2400跌到1.2392就能把交易者踢出场。

总结一下，在价差市场，如果交易者想赢10个点、止损设为10个点，他就要实际上赢12个点才行，而只要下跌8个点，就能让他止损出场，也就是说，要赢得止损值的150%，才能实现收支平衡。当然，我们还没提价差更大的货币对，如英镑/美元——交易幅度只有5个点或外汇交叉盘英镑/日元或英镑/瑞士法郎——价差可达10个点或更多。

交易商不喜欢赚快钱的人

更糟的是，很多即期外汇交易商对这样的快进快出交易不太乐意，或许会真的对这样的账户手动操作，降低交易者的订单运行。

对这种公然操纵行为大动肝火前，请先了解一下大多数交易商的基本商业模式。他们的作用就是在货币市场为散户交易者提供流动性，仅在几年前，外汇市场还对小型投机人完全封闭。为了方便参与，交易商要一直维持订单的相对平衡，这样他们才能对买卖盘进行配对，通过价差获得利润。非常活跃的交易者——特别是杠杆特别高、交易规模也特别大的人——就完全扭曲了交易商的买卖盘报价单，散户交易者就不能在价格变化前通过银行间市场把风险转嫁到花旗银行或高盛集团等机构玩家身上。零售即期外汇交易的快刀手就像是自助餐餐厅的客户，不是一两次添菜，而是15、16、17次添菜，餐厅老板可能会忍受一两次这么干，但很快他就会把这个客人给轰走。

交易的傻瓜天才

问题还是没解决——有交易者在短期即期外汇市场获利吗？有同意这么干的交易商吗？两个问题的回答都是肯定的，一些交易商对短期交易没有异议，但为了保护自己，他们或许会把杠杆从100∶1降到50∶1。

同时，一些交易者几乎拥有超人的能力，能够在合适的时间抓住市场的运行。我最近与一位竞争对手一起参加一个讨论小组，他告诉我，

第17章 日交易即期外汇时三思而行

他那有一位非常成功的交易者做零止损交易，如果货币对在不利方向上只运行了一个点，他会卖掉所有头寸，损失不过就是价差。我把这种交易者称为交易的傻瓜天才。就像真正的傻瓜天才，他们会告诉你300年后的某一天是周几，但无法正确算出2+2等于几，这种技艺高超的交易者真的对价格流向具有天生的感觉，与我们这些必须钻研图表或密切注意经济新闻的人不同，他们仅凭感觉能够做几百个一连串的盈利交易。每个交易者必须老实问自己："我是那种几百万个才出一个、对时机把握极具天分的人吗？或者我就是个路人甲，必须绞尽脑汁、勤加练习才能战胜市场？"我的答案显而易见，我把握时机的技巧拙劣，但我不会让这个缺陷妨碍我纵横市场、成功交易市场。

找到趋势

每分钟操作日交易和多日或多周持有仓位之间有没有取巧的中间路可走？有。爱用短期确立点的交易者只要确立方法可靠，依然能够在外汇市场获胜。有个有意思的问题值得探讨，我称之为"头寸倒卖"，这是利用了货币总是形成趋势的倾向。

货币与股票或债券不同，一般会形成有力的趋势，因为货币总是反映出重大的宏观经济主题，这些主题需要几周时间才能被完全消化，因此，在外汇上跟随货币交易是一个非常有利可图的做法。

确定趋势的一个简单而有效的方法是用三个移动均线考察。我偏爱简单移动均线（SMA），但你也可以用指数移动均线，关键是要直接。在小时图上画出3个时间段、20个时间段和65个时间段的简单移动均线。（外汇短期交易至少要用小时图，短于1小时的图会发出太多虚假信号，止损值就会太大，价差成本也会过大而无法承受。）

如果所有的移动均线都能与3个时间段的简单移动均线相得益彰，而3个时间段的简单移动均线位于20个时间段的简单移动均线之上，后者又位于65个时间段的简单移动均线之上，那么价格就显示了明确的上涨趋势，反之就是确定的下跌趋势。

但是确定了趋势还不够，为了成为合格的趋势跟踪者而不是趋势追逐的菜鸟,交易者就要采用非常严格的加仓方法。在上涨趋势情况下,交易者只会在 3 个时间段的简单移动均线之下买入,如果价格达到 20 个时间段的简单移动均线时才加仓,然后在价格收盘低于 65 个时间段的移动均线时才会止损退出;如果价格超过 3 个时间段的简单移动均线就获利退出,然后整个过程再重新开始。交易者用这种方法就是仅仅按照趋势方向交易,趋势不明确改变绝不退场。不断在超过简单移动均线时获利退出,交易者就会在趋势不变的情况下兑现获利交易。图 17-1 举例说明了这种确立方法的实际操作。

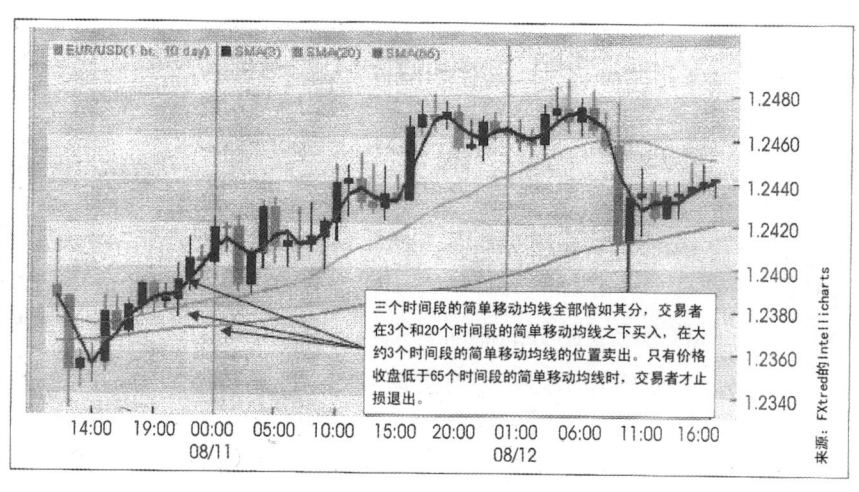

图 17-1　外汇跟踪交易,欧元/美元 10 天的 1 小时图

提醒而非原则

我不想让看了这篇文章的人认为绝不应该日交易外汇市场,有时,甚至头寸交易者都可以做几笔短期交易,只要机会合适。我的目的是要提醒新交易者用日交易的心态交易即期外汇的潜在风险,即期外汇是一个非常与众不同的金融市场。交易本来就够难的了,没道理用一个自找倒霉的方法雪上加霜。

第17章　日交易即期外汇时三思而行

> 博瑞思·谢鲁斯伯格，全球外汇交易公司外汇调研负责人，是全球最经常被引用的货币分析师，为美国消费者新闻与商业频道、彭博社、路透社和道琼斯提供评论文章。他与人合著了《百万富翁交易商：普通人是如何将计就计击败华尔街的》，并著有《货币市场技术分析：从市场变化与商人情绪盈利经典技术》。
>
> 本文首刊于2005年10月的 *SFO*。

第18章 交易错误：避免外汇陷阱

布瑞恩·多兰

线上外汇交易在近几年无疑获得了巨大的普及，全球数十万的交易者蜂拥到外汇市场，有些人是在其他市场历经磨炼然后把触角伸到外汇市场，更多的人则完全是金融市场的新新人。线上外汇交易的吸引力太容易理解：全天24小时开放的市场，慷慨的杠杆，操作容易，活跃货币对就那么几个。

但入市容易可不代表着赚钱容易。无疑，外汇市场与其他任何交易市场一样都是奖赏丰厚、不讲人情，此外，还有一些自找的失误会导致不幸的交易后果。以我在线上外汇经纪公司的经验（开诚布公），我要指出一些更常见的交易陷阱，以为警示。

过度交易

或许有点奇怪，线上交易商会把过度交易单提出来作为第一个要避免的陷阱，退一步说，我们与任何市场的经纪商一样，是从交易量上赚钱，那我们为什么不鼓励过度交易呢？答案很简单：我们的客户赚得越多，他们就越想和我们交易，从长期看他们的交易量就更多。说到要避免的陷阱，过度交易是更容易避免的风险之一，因为这个陷阱是个人交易者能控制的，不是市场的固有风险。

过度交易一般有两种主要形式：频繁交易和一次交易头寸太多，或总是有未结头寸。一次交易太多头寸突出显示了几个策略失误以及一个非常真实的金融风险。金融风险是多余头寸太多会很快用光你的抵押保证金，如果价格对你不利的程度很大，那保证金就不够了，这样的话，产生损失的主要原因是过度交易引起的保证金问题而不是对市场的判断

第 18 章　交易错误：避免外汇陷阱

根本错误。本来对市场判断正确就很难了，就别再因为头寸多致使灵活性或保证金有效期降低而火上浇油了。

但假设你刚赢了彩票，钱多得足够你支付随意开仓需要的保证金，这就回到我刚才说的策略失误上。同时操作几个仓位意味着交易者要分析多个货币对和交叉盘，对每一个对象都要有完备的策略，这看起来非常不可能，除非你有系统交易模型。

更可能的情况时，交易者会像投飞镖一样，不断建仓，希望有些会盈利，也就是说整个策略是建立在希望而不是分析之上的，这还意味着有了损失也不愿意割肉，犯了另一个策略错误。交易者一般最好研究几个货币对，寻找交易机会，然后跟踪机会最明确的一个。如果你能同时确定多个货币对中的机会，那就别客气了。

第二种过度交易是总有未结头寸，这至少意味着市场上一直有交易机会而且你知道是什么。但从更大的方面来看就意味着你一直暴露在市场风险之中，而交易原则的核心就是避免无谓的风险，关键是要找到可靠的市场机会并采取谨慎、警惕的策略利用机会。如果你一直身在市场，就表明你没找到十分确定的交易进入点。

杠杆过大/资金不足

杠杆过大是指持有的头寸与保证金余额相比过大，资金不足是这一问题的另一面，抵押的保证金不足以支撑头寸规模。不管从哪方面看，这些错误都意味着不了解线上经纪商的保证金条件。如果充分利用保证金账户杠杆，意味着根据抵押的保证金所持有的头寸达到最大，一般来说，这就没给不利的价格运行留有空间——哪怕只有几个点，如果头寸过大，就足以使保证金低于要求量，未结交易出现流动性问题，损失就不可避免。因此，第一步就要清楚知道经纪商对交易的保证金要求，以及如果保证金不足的后果。

外汇交易获胜的几个简单原则：

建立详细的策略；

每笔交易都设立入场价、盈利退出点和止损退出点,并坚决贯彻;

总是用止损订单,而且不调整;

除非是锁定了利润;

集中精力在几个货币对上;

了解这些货币对的"个性",有助于预测其价格运行;

杠杆别过大;

保持充足的保证金额,以免在市场不利运行时遭受流动性问题。

第二步就是在决定头寸大小时,对期望现实点,当然,头寸大到佣金能支持的最大程度最炫了,但谁说过谨慎交易就应该炫呢?线上经纪人提供100:1的杠杆,不是说你就得用到底。记住,杠杆只是让你执行交易策略的交易工具。

首先是要确定在外汇交易中你在保证金上能够承担的风险资本,风险资本一般是指如果损失后不会在本质上影响你生活标准的资金量,知道了这个金额,你就知道了你最大的头寸。谨记,这个头寸在不同的货币对有不同的保证金费用,例如,以目前的市场汇率,建立100 000英镑/美元头寸需要大约1 900美元的保证金,而建立100 000澳元/美元头寸只需要大约780美元的保证金(见表18-1)。

表18-1　保证金费用随货币对不同而不同

杠杆为100:1时标准每手(100 000)的第一笔保证金费

货币对	参考汇率	保证金
欧元/美元	1.3000	1 300美元
美元/日元	120.00	1 000美元
美元/瑞士法郎	1.2500	1 000美元
英镑/美元	1.9500	1 950美元
澳元/美元	0.7800	780美元
美元/加元	1.1700	1 000美元
欧元/日元	1.3000	1 300美元

第18章　交易错误：避免外汇陷阱

欧元/英镑	1.3000	1 300 美元
欧元/瑞士法朗	1.3000	1 300 美元
欧元/澳元	1.3000	1 300 美元
英镑/日元	1.9500	1 950 美元
英镑/瑞士法郎	1.9500	1 950 美元
瑞士法郎/日元	1.2500	800 美元
澳元/日元	0.7800	780 美元
新西兰元/美元	0.7000	700 美元
新西兰元/日元	0.7000	700 美元

来源：嘉盛集团

现在来说说现实。面对期望，分析市场并找到交易机会后，就要决定你准备在交易上冒多大风险的资本，而不是你想在交易上赚多少钱。最小化损失一直是制胜之道，因此要先衡量不利的风险。一旦确定了准备在交易上赔多少钱——无论是根据资金量（金融止损）还是价格水平（技术止损），头寸大小自然就算出来了。最起码你现在有了按照风险进行交易的策略，能让你的交易继续下去；往最好处想，你建立了更严格的交易和风险管理方法。

止损订单

不用止损订单就进行交易在任何交易环境都是招致灾难的祸根，就等于说"我知道自己是正确的，只是何时正确的问题"，这种逻辑的问题就在于这个"时间"可能比你保证金能支持的时间长得多。不少交易新手还误以为如果不用止损订单就无法止损退出。如果你的保证金低于一定金额，线上外汇交易商一般会有权替你平仓，因此没有止损订单的话，保证金最低额就是你的止损订单，但你可能亏损得更多，这要看你的经纪人是否真的平仓了。

在市场接近止损时不断改变止损也是一个坏习惯，实际上是取消了止损的目的。如果做了分析、形成了交易策略，就可能找到一个策略不适用的价格点，这就是你要开始设立止损的地方。后来移动止损，表明害怕接受亏损的过度情绪压倒了你理性设计的交易策略。一旦情绪发挥力量，移动止损会导致代价巨大的消极螺旋式上涨：损失越大，越不愿意接受损失，保证金限制成了最终的止损点。交易者在开始交易前最好把时间和精力集中在分析和交易策略上，不要在情况不利时怀疑客观研究出的策略。

在数据发布前后交易

大多数读者很可能都意识到这一个问题了，但重点是外汇交易的新手一般应该避免在经济数据发布前后交易。"前后交易"是指在数据即将发布时还有未结头寸，或持有的订单可能会根据任何数据发布引起的即刻反应被激活。不能这样做的原因很简单，市场对数据的反应既巨大又难以预测，例如，新闻或许会是美元利好，但如果整个趋势对美元利空，美元或许仍然疲软。市场老话说得好，对数据的反应比数据本身更重要。

面对数据发布前后的交易，老练的交易者都知道要少安毋躁，看看报告，评估一下市场反应再入市。把这当作一战时的战壕战，号声响起的时候，你真的想当冲锋陷阵的第一批吗？只有清楚知道外汇价格会对数据作何反应，低下头别做冒失鬼，评估市场反应再决定如何交易，你才能避免无谓的悲痛（损失资金）。

汲取教训

上面我谈到的很多失误都是同一主题的变形：没有交易计划或没有遵守计划就会遭殃。另一个包含其中的主题是避免无谓的风险。外汇市场——无论是否线上——就是一个市场，其他金融市场使用的交易原则同样会在外汇市场有效，但你要想成功就要用起来。用心开发并执行严格的交易策略，避免无谓的市场损失。

第18章　交易错误：避免外汇陷阱

布瑞恩·多兰，美国嘉盛集团分部 Forex.com 的调研负责人，是在货币市场从业 19 年的老将。美国嘉盛集团是线上外汇交易的先驱，向 140 多个国家的客户提供外汇交易和资产管理服务，该公司的旗舰服务公司嘉盛英国有限公司（gaincapital.com）为机构投资人服务。Forex.com 是该公司的零售部分，为各种层次的个人投资者提供 24 小时、最低账户资本的免佣金交易以及广泛的教导和培训。金融媒体经常就货币市场动向征求多兰的看法，他还就短期交易策略和风险管理在《财富周刊》、《股票和商品技术分析》和《SFO 杂志》等杂志上发表文章，而且也是彭博集团、美国消费者新闻与商业频道、路透集团和道琼斯等金融媒体的长期评论员。他与人合著了《傻人货币交易》。

本文首刊于 2007 年 3 月的 *SFO*。

第19章 发现外汇交易趋势

凯茜·莲恩

虽然个人投资者从20世纪90年代就能交易外汇了,但对很多人来说,这还是个陌生的市场,要学习新的词汇,跟踪新的市场运行诱因,但一旦你掌握了诀窍,外汇交易与股票或期货交易无异,甚至有时还更简单。外汇交易者不用从几千家公司里选花魁,只需要跟踪八个不同国家和组织(美国、日本、欧盟、英国、加拿大、澳大利亚、新西兰和瑞士)的发展就行。

利用技术分析的交易者甚至更容易,因为外汇市场24小时交易的特性有助于提高分析的正确性。研究技术分析就是研究过去的价格行为,再用这个信息预测未来的价格行为。既然外汇市场是无休交易,数据就很庞大,图表里的信息更可靠,实际上不少外汇交易者与股票或期货交易者一样,只用技术分析。

你是哪种类型?

无论你想交易哪个市场——股票、期货还是外汇,一般逃不过这两种交易者:趋势交易者或幅度交易者。趋势交易者跟踪资产现在的运行方向,而幅度交易者一般要找到最高价或最低价,两种做法都成绩斐然。但趋势交易是外汇市场最流行的交易方式,特别是在专业交易者和对冲基金中,主要原因是外汇市场的趋势会持续几周、几个月甚至几年。

交易货币实际上是交易一个国家的前景,这一般不会轻易变化,特别是不会在短期内变化。如果经济状况良好,放缓期出现前会逐渐出现

第19章 发现外汇交易趋势

很多信号，不会有意外之举，因此很难找到最高价或最低价，这样往往是自找苦吃，明显的例子就是新西兰元/美元，从1997年到2000年整整四年被抛盘，然后从2002年到2005年连续三年上涨，几乎没有回调，在2006年夏天再次上涨，持续整一年到2007年夏天。这段时期的损失同样显著，比多年运行中每一年的40%还多。如果有人想在这几年抓住最高价，只会是在痛苦中煎熬。

趋势交易理论很简单：只要货币对不断冲高就一直买入，只要不断跌破最低价就一直卖出，但在实践中非常难做到，因为趋势在回头看的时候才很清楚，特别是趋势形成需要几周或几个月的时间时，此时，运行继续的概率与无力继续的概率几乎一样高，因此交易者要有工具帮助他们决定趋势何时刚开始或何时接近尾声就极其重要，方法不计其数，但在外汇市场有种方法特别奏效。

确定趋势

我是移动均线的拥趸，因此我的很多交易策略中都用到这一惯用的指标。移动均线从定义上讲就是资产价格在一定时期的平均值，例如，要计算10日简单移动均线的值，只要把过去10天的收盘价加起来再除以10就行了。移动均线最常用于确定支撑和阻力，以及货币对的短期或长期趋势。我最青睐的移动均线是50小时、100小时和日简单移动均线，因为长的时间段包含了足够的统计数据，短的时间段又能提供趋势转向的早期新号。

如果你是要看多或参与新一轮上涨趋势，价格就要上涨到50小时和100小时简单移动均线或日简单移动均线之上，这样就意味着目前的趋势很强劲，能够突破过去50天和100天的均线。只要价格位于这两个移动均线之上，上涨趋势就安然无恙。另一方面，如果货币价格运行在50日和100日简单移动均线之下，那么趋势就转跌，等到回到50日简单移动均线之上方可认为是上涨。

在运行中建立交易

看看欧元/美元小时图（见图19-1）中确立交易的简单例子。在8月2日，欧元/美元在1.367穿过移动均线，表示新一轮上涨趋势出现了，货币对在8月7日前都在50和100小时简单移动均线之上，到了当日，价格大约是1.3795。

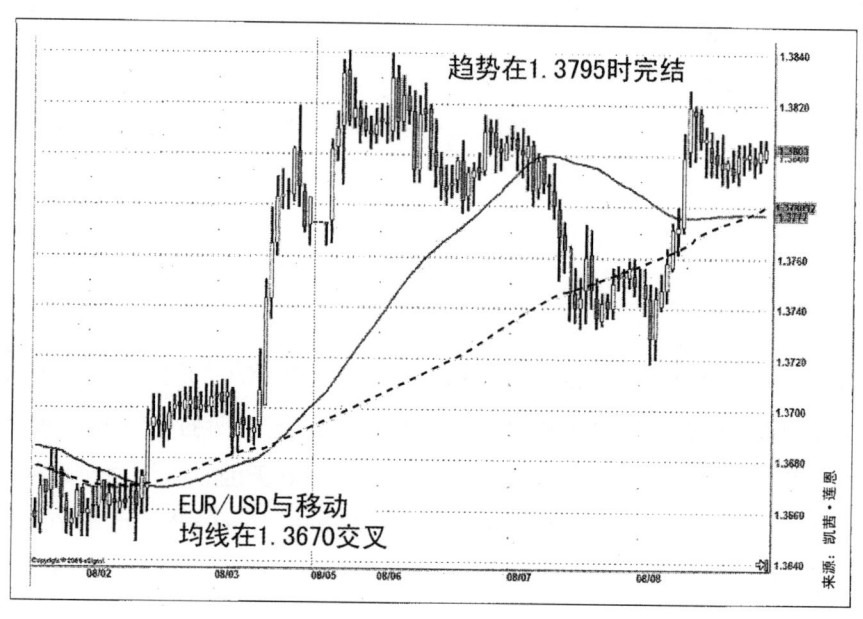

图19-1 欧元/美元小时图

如果你在8月2日看多，并在8月7日退出，就有125个点的利润。此次看多交易后不久，图上出现了下跌的假信号，但如果用第二个标准（第二个标准稍后详述）检验，会避免这笔交易。

提高时间段

我们来看看日图上的时间段，日图上很少见到移动均线被打破或突破。但如果在日图上出现突破，那么运行就会持续很长一段时间，澳大利亚元/美元就是这样一个明显的例子（见图19-2）。3月12日，

第 19 章　发现外汇交易趋势

货币对上行突破 50 和 100 日简单移动均线（当时的价格是 0.783），随后的两个月，澳元/美元一直在 50 日简单移动均线之上运行，但在 5 月 21 日，货币对下跌到 50 日简单移动均线之下，货币对的交易价格 0.8195。只要抓住了 3 月的信号，就能获得 365 个点，运行继续，而转向是假信号，但 365 个点的获利也很可观，并且激进的交易者会再次入场。

图 19-2　澳大利亚元/美元日图

确定动能

仅根据移动均线交易通常会导致虚假信号，就像上面 EUR/USD 的例子。为了避免这些虚假信号，我会用平滑异同移动平均线摆动指数，这是动能摆动指数，有助于确定趋势是否刚开始还是实际已经完成。说得更确切点，平滑异同移动平均线计算的是短期和长期移动均线之间的差，因此就用柱状图反映平滑异同移动平均线和更短期的移动均线之间的差。

图 19-3 是平滑异同移动平均线的最常见用法：柱状图从负值变为正值时（或线交叉上行时）买入，在柱状图从正值变为负值时（或线交叉下行）卖出。柱状图在 A 区交叉上行，在 0.83 前后发出买入信号，并一直保持正值，直至上涨在 0.845 前后无力为继。在 B 区间，平滑异同移动平均线再次在约 0.86 交叉上行，但在澳元/美元交易价格为 0.885 时交叉回到负值区。C 区间出现卖出信号，从 0.885 下跌到 0.82。

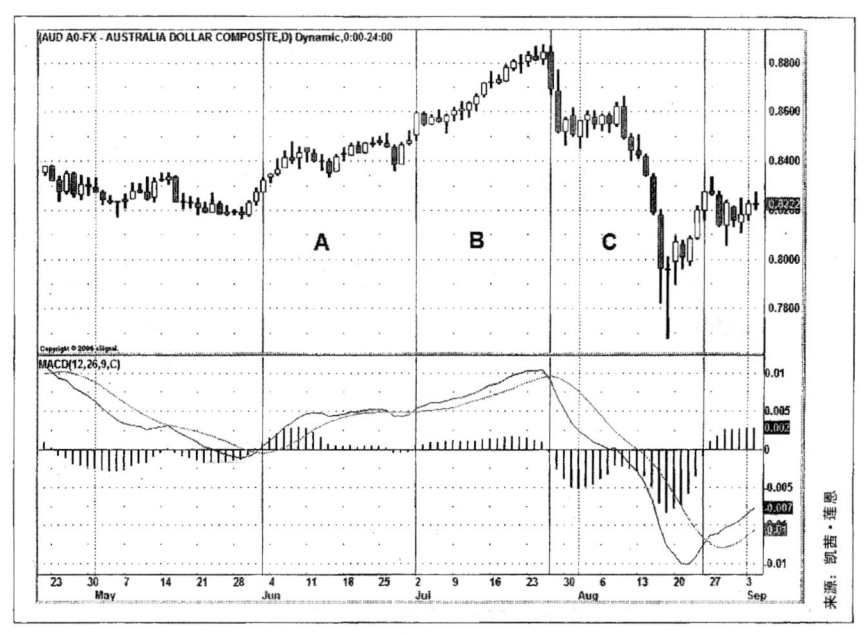

图 19-3　带有平滑异同移动平均线的澳元图

利用平滑异同移动平均线交易的另一种方法是价格和摆动指数的背离。例如，如果价格出现新高，而摆动指数却没有，这就是上涨或暴跌会很快结束的早期信号。虽然一些交易者只用平滑异同移动平均线，但仅依靠柱状图也会带来虚假信号。

综合利用

因此我喜欢一起使用移动均线和平滑异同移动平均线，形成可操作

第 19 章　发现外汇交易趋势

的交易策略。50 小时和 100 小时或日移动均线有助于明确新趋势何时出现以及趋势的方向，而平滑异同移动平均线会确定后来的运行。如果平滑异同移动平均线与移动均线交叉同时上行突破移动均线，这就是强有力的买入或卖出信号。下面是我的交易原则，记住这些原则不是一成不变的，只是帮助外汇交易者抓住趋势的简单指导。

1. 要等货币在 50 和 100 时段简单移动均线之上交易的时候。移动均线被突破表示新趋势已经出现。

2. 只有在价格突破最近的简单移动均线之上 10 个点或更多，而且平滑异同移动平均线在之前的 5 个柱内与零线交叉时再出手。更保守的交易者还会等到 K 线图收盘价完全高于 50 和 100 小时移动均线或日移动均线。

3. 在 5 个柱的最高价或最低价设定第一个止损，这是一个宽松原则，因为每个人设定止损的方法都不同。我用这一条的关键是在短期交易时用之前 5 个柱的最高价，做长期交易时用前 5 个柱的最低价。

4. 价格突破 50 简单移动均线 10 个点时退出。这个原则能够使交易者尽可能地掌控运行，一直锁定利润。10 个点原则还能避免趋势中的虚假突破。

举个例子看看整个策略在实践中如何运用（见图 19-4）。美元/加元图显示在 3 月 21 日的运行低于 100 日简单移动均线，这时移动均线是 1.1612。交易要这么做：看看是否平滑异同移动平均线在过去 5 个交易日变为负值（在移动均线信号前一天的确如此），然后等到美元/加元突破移动均线 10 个点，这时在 1.16 看空，止损设定在 5 个柱的最高价 1.1788。美元/加元运行回到最近的移动均线（本例中是 50 日移动均线）之上超过 10 个点时退出，这天是 7 月 27 日，货币对交易价格为 1.0626，也就是说在 4 个月内获得了 974 个点，风险回报比是 1∶5。即使这段时间只做这一笔交易，所获得的利润或许比短期交易者一周交易两三次获得的还多。

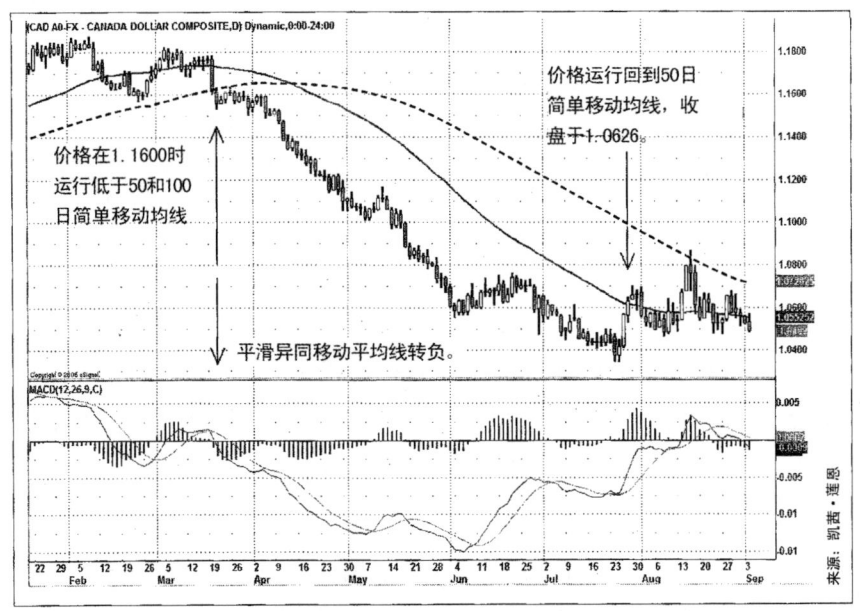

图 19-4　带有平滑异同移动平均线的美元/加元日图

图 19-4 也说明了我不仅仅用平滑异同移动平均线摆动指数作为交易信号的原因，而且其能够用于确定新趋势何时出现。平滑异同移动平均线在 5 月 9 日由负值转回正值，当时美元/加元的交易价格大约是 1.105，如果这时退出交易，就会白白把 400 个点丢掉了。

如你所见，货币会形成确定的趋势，而且会持续几个月，但趋势只有在事后才能看清楚，因此用可靠的工具帮助衡量新趋势何时出现就非常重要。将移动均线和平滑异同移动平均线结合就是抓住趋势的一个简单、正确而易用的方法。

凯茜·莲恩，纽约 GFT Forex 公司的货币调查负责人，并在全球出版了《货币市场日内交易》。每日货币预测和更多货币交易信息参见 gftforex.com，她的博客是 kathylien.com。

本文首刊于 2007 年 11 月的 *SFO*。

第20章 外汇市场运行的多米诺效应

约瑟夫·特雷维萨尼

你不太常听到货币日交易者说:"非农就业指数比预期多50 000,我要买空欧元。"你会听到,如果交易者在非农数据发布两秒钟后执行看空欧元交易,他会说:"我要30个点,非农数据是个热点。"这是交易者看基本面的日子,意外的数据会带来快钱,利润就存在于什么应该计入价格和有多少会实际表现之间的差价。就基本面统计数据来说,日交易者是利用新闻交易,不重视新闻而想获利就别干这一行。

日交易的时间很短,几分钟或几小时,不是几天或几周。在日交易者看来,基本面更多的是对趋势或对背景的看法。如果有人认为欧元对美元走强,日交易者会因此在令人失望的欧盟数据发布后第二天看空欧元吗?当然不会。基本面会影响何时退出交易吗?绝对会。经常这样吗?很可能不。

基本面观点不是日交易者确立交易的理由,进场和出场点一般不是从基本面分析得来的,但在一种情况下,日交易者可能会从深入理解基本面分析中得利。

多米诺效应

这种可能性出现的条件是一系列统计数据逐渐破坏了市场对货币的预想。一系列提振(或打压)统计中的最后一两个统计数据——虽然本身可能没什么重大意义,但会引发与原来主流方向相反的剧烈运行。换句话说,如果都预测美元会下跌,一两次美国的积极数据不会改变整个局势，但连续几个漂亮数字会引起对牌子后面的某一个数据的重大反应，因为一个意外统计数据发布引起的小变化可能会演化成几百个点的运行。

习惯于因统计数据引发变化局面的日交易者会在这些数据发布前后准备好接受更大的风险，他们知道大幅运行的可能性非常大，目标就不是获得 50 个点，而是卷走 300 个点。我们通过近期欧元/美元的运行说明这种交易前，得先来简单介绍一下基本面交易外汇的概念。

概念

基本面分析利用经济情况预测货币情况，根本前提就是货币价值是由一国经济和贸易伙伴经济的强弱对比决定，经济越强，国民生产总值增长越高，通胀越低，利率越高，产能越大，政治越稳定，其他一些因素会逐渐促使货币越来越坚挺。基本面因素形成长期持续的价格趋势，在外汇市场很独特，基本面分析的时间是所有了解货币运行的分析和统计工具中时间最长的。

经济数据是基本面分析审查经济体及其货币的窗口，大多数统计数据都局限于一个角度，描述经济体的一个方面或区域，很少有统计数据能描绘经济体整体情况，在庞大多样化的现代经济体中，很难筛选出任何一段时间内最重要的因素和最相关的数据。而且不同的数据可能显示相反的情况，经济体中的某一领域增长而另一领域却举步不前，或者一个行业的重要性降低而另一个行业却在上升。

大局

经济大局指标如国内生产总值（GDP）、消费者价格指数、生产者价格指数、非农就业数据（NFP）和失业率，表示的是整个经济体的状况，是衡量生产活动最广泛的标准，一般是由政府统计，是最具权威性的统计数据，受到市场的密切关注。

产业和行业统计数据一般与某一产业（如住房）或某一经济活动

（如零售）有关，政府机关和私人组织都会统计。虽然这些数据跟踪的活动非常有限，但与广泛指数有密切联系，通常会带来可观的交易利益，例如耐用货物订单、房屋开工率、建筑许可、新房销售、零售、采购经理人指数和美国供应管理协会调查数据。

大多数的统计数据也都是逆向的，也就是能告诉你已经发生的情况，但可能不会对未来有正确的指导，因此就需要判断和依靠经验来把过去和未来连接起来。在彼此联系、动荡不安的世界，（政治、军事、人为甚至自然）事件会产生快速、巨大、持久的反应，都必须考虑到基本面货币分析中。

哪些会反映到价格中

在任何时间，大多数市场参与者会对一系列基本经济因素和统计数据有类似的观点。这一观点或假设与现实之间的区别是哪个会带来最剧烈的市场行为，这种现象对货币市场的日交易者来说非常熟悉，市场对经济数据的反应最能表现出来。

如果某种统计数据发布时与大众预计的观点（通常出现在经济学家和分析师的调查中）相同或接近，交易就没什么反应，可以说统计数据已经反映到市场价格中了，意即之前的很多交易决策估计到了统计数据表现的经济状况，已经反映到交易汇率中了。

交易机会

如果统计数据在发布时与公众的猜测不同，那么所有或者大部分交易决策要么立即被削减力度要么被调整。意外的统计数据发布后的价格运行反映了之前头寸的集中变化。

央行对利率也同样进行动态决策。如果统计结果与大多数交易者预测的一样，那么货币市场一般会波澜不惊，即使在央行的重大决策发布后也甚少或没有变动。这是一场大多数市场参与者对任一主题的认识对战主导外汇交易的实际经济统计数据和利率决策之间的一场拉锯战，战果都反映到交易汇率中。

观点不断变化

为了说明这种市场假设的影响，我们来看看 2007 年后期欧元对美元的情况。在 11 月中旬，美元汇率是 1.47，自 8 月份的信用危机爆发以来对欧元下跌了 10%。市场当时认为美国住房危机、次债危机蔓延以及迅速发展的信用和流动性问题会共同击垮美国经济，美元必将会随之走软，欧元汇率必然会轻松跨过 1.5 关口，而在 11 月 23 日汇率已经达到 1.4963。

从 11 月下旬开始，一系列的美国统计数据并没有配合这种预计，11 月 29 日发布的第三季度 GDP 达到了令人吃惊的 4.9%，超出预期，并超过第二季度整整一个点。别忘了美国住房市场的颓势到 2007 年 12 月已经持续了几乎 18 个月。根据预测，家庭资产的下降必定会削减消费者支出并打压 GDP，但 12 月 5 日，第三季度的非农生产率和单位劳动成本依然让人惊喜，生产力从 4.9% 上涨到 6.3%，劳动成本从 0.2% 下跌到 -2%，如果非农生产率提高而劳动成本下降，那美国经济状况或许并没有那么悲惨。

意外的影响

12 月 7 日发布的 11 月非农就业数据表示新增工作岗位 94 000，而预期的只有 70 000，失业率是 4.7%，比 4.8% 的预计低了 0.1%（见图 20-1 和 20-2）。

第20章 外汇市场运行的多米诺效应

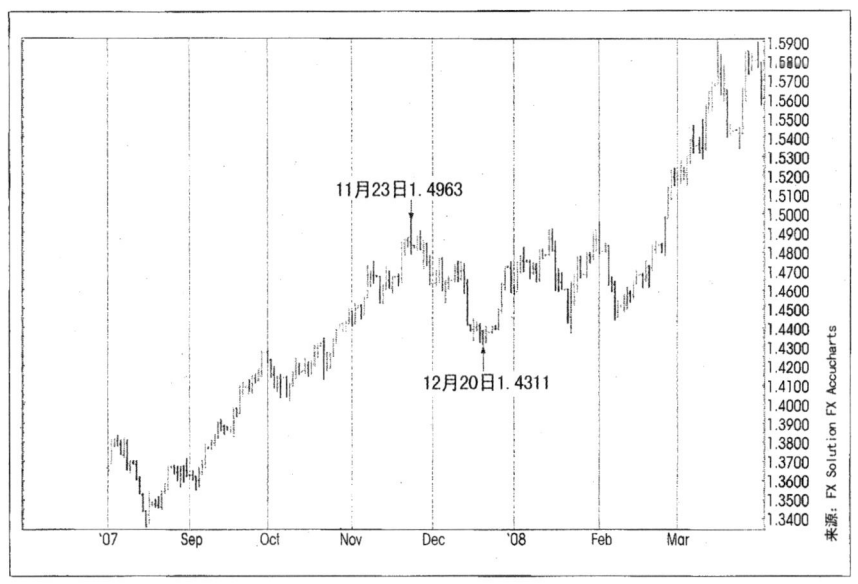

图 20-1 欧元/美元日图

图 20-2 欧元/美元 30 分钟图（2007 年 11 月到 12 月）

最后一个意外数据是 12 月 13 日发布的 11 月零售数据，开启了欧元超过 300 点、为时一周的下跌。该数据预计是 0.6%，实际则翻了一番到 1.2%，食品和汽车数据是 1.8%，达到预期 0.6% 的 3 倍。

随后 7 个交易日，欧元跌势难当，但美国经济并未翻身，并没有在这些数据后有起色。12 月底，欧元收复了半个月来的失地，交易汇率站上 1.47，12 月 20 的低点 1.4311 成为这一波的底部，一直持续到 2 月初，然后到 4 月下旬，欧元又获得了 7% 的涨幅。

交易机会在哪

日交易者留意基本面统计数据的主要原因在于提醒自己注意标准统计数据背后的不同波动机会。美国 11 月到 12 月的数据与公众对美国经济惨淡的预计相反，与 8 月以来大量看空美元市场的交易相反，与指望看空美元在年底大捞一笔的希望相反，波动大幅加剧的机会就不言而喻了。

只想从意外数据发布中获得 30 或 50 个点的日交易者或许会错过获利的大好机会，但衡量了这一时期美元数据整体情况的交易者就会为这次重大变动做好准备。

一般交易者不会认为这是基本面交易机会，因为美国对欧元走弱的整体趋势并未改变，一般也不会认为这是日交易，因为变动持续了一周以上才完成。12 月 13 日的第一次下行吃掉了 50 点，这是日交易获利的良机，大多数日交易者这时会兑现看空欧元的利润，放弃了更大的机会。

这两个观点都是错误的，把这样的交易划分到具体类别，可能会让两种交易者错失这种特殊的交易机会，这既不是日交易也不是基本面交易，对前一个来说太长，对后一个来说又不够长，因为第一次大跌一般是日交易者观测到的交易确立点，所以最好理解为（相对）少见的日交易机会。

第20章 外汇市场运行的多米诺效应

准备好打本垒

促成此次运行的导火线是零售数据（就美元来说）好于大多数分析预期，两倍于预期，一般会产生利好美元的300个点的运行，这是3周之前的基本面情况不断出现好于预期的数据才产生了这次运行。中期交易者，更重要的是年终变现者都参加其中，为运行提供了动力和耐力。

在12月13日看空欧元的日交易者本来占有绝对优势，但如果他们忽视了基本面的变化，就错失了几乎整个潜在利润。有时日交易并非看起来那样，基本面会告诉你哪些是真的。

约瑟夫·特雷维萨尼，具有18年的外汇交易和管理经验，是FX Solution 的高级合伙人和首席市场分析师。再加入线上交易行业前，特雷维萨尼为瑞士信贷工作12年，在纽约和新加坡担任银行间货币交易者和交易专柜经理人。从亚洲回来后，他在百慕大哈密尔顿的哈密尔顿银行负责亚洲交易部门并担任专属交易者。

本文首刊于2008年10月的 *SFO*。

第21章 忽视外汇基本面的后果自负

博瑞思·谢鲁斯伯格

你可能很爱交易，但没人会因为爱而交易，恐惧和贪婪推动着市场，因此为了成功，作为交易者必须学会尊重这两个推动价格变化的主要动力。要不断获胜，就要知道情绪何时达到极端并利用当时的市场，必须牢牢占有优势。

价格的随意性

多数交易者只依靠技术分析，青睐图上看似相当具体的价格形态，而对非常模糊的经济数据不太看重。但我认为，交易者在外汇交易中忽视基本面会有风险。技术指标在记录过去并提供现在的一般情况时很有一手，但价格是根据对未来的预期运行，而未来预期的运行是由随时改变价格行为动态的基本面数据引起的。

我最近在曼哈顿第五大道见了一家用电脑程式做买卖决定的对冲基金，会面对我很有启发。这家对冲基金擅长用多种全球股权工具做指数套利，办公室的计算机比五角大楼情报室的计算机都多。对冲基金的运营者与我分享了很多有意思的认识，其中之一就是，他们对货币市场的价格运行进行了很多研究后发现，在任何时段的 24 小时内价格损失达到同一次上涨或下跌的 70%，在 48 小时内的运行就完全是随意性的。这就意味着在任何时段，能两天以上正确预测外汇价格运行的机会本质上是零。

好，很多看到这里的读者会说这是胡说八道。技术交易者一般会坚信价格会形成趋势，且趋势会相当持久，技术分析不借助基本面就能确定这些趋势。这些观点我都同意，但有一个附加说明，趋势的问题是事后才看得清道得明。图上每一个清晰的价格趋势，都包含无数失败的突破上行或下行。这些失败的突破在起点（与成功的突破）看起来几乎一模一样，只是发生了反转，带来了损失。

外汇没有上行趋势

除非交易者撞了大运能在大趋势早期抓住机会，并能伴随其完全结束，否则偶尔几个趋势的收益根本不可能抵销虚假突破上行带来的多次损失，特别是外汇这样的波动市场。外汇是成对交易，总是反映相对值而不是绝对值，外汇市场从定义上就是限定在一定范围内的。

股票交易者喜欢趋势，因为股票有上行倾向。股票代表了真正的商业投资，会随时间产生和积累财富。在20世纪80年代中期买入微软股票或股指基金的投资人，都会从这两个长期仓位中赚得盆满钵满。同一时期看多英镑的货币交易者的经历如下：英镑对美元上涨2.40%，然后下跌到1.05，再反弹到2，30多年后基本上没变化。

货币并没有股票的上行趋势，因此我认为我的基金朋友说的没错。想用买入—抛在脑后的趋势交易法来交易外汇赚钱不是说着玩的。要想在外汇上赚钱，就要像伍迪·海斯的球队在俄亥俄州打橄榄球一样，分毫不让，需要灵活性和对价格变化的快速反应，而这则有赖于你对基本面的了解。

外汇的三个因素

虽然多数交易者说到解读经济数据都不以为然，但理解基本面实际上是熟悉外汇中三个因素的问题，即宏观因素、微观因素和货币政策因素，具体定义如下：

1. 宏观因素——一国经济和实力的最广泛评价标准：包括国内生产总值增长率、股票市场表现、物价水平和政治稳定程度。

2. 微观因素——对一国经济更细微的考察，包括就业数据、通胀率和各种生产和服务行业的衡量数据。

3. 货币政策因素——决定着利率大小，可以称为货币分析中最重要的方面。把货币当成超短期债权，就容易理解。其他条件一致的话，某一货币的利息越高，对投机人和投资人的吸引力越大。

没有优势，不成交易

知道了这三个因素的含义，就很清楚哪些基本面数据对市场和交易来说很重要。但如果不确信你对交易有切实的胜算，就不要做交易，简而言之，你应该有某种逻辑模式，能够让你居于优势地位。

美盛集团的著名投资组合经理人比尔·米勒爱用"哈巴狗"皮尔森的故事来说明成功交易的关键。皮尔森是专业赌手，住在拉斯维加斯，上学上到五年级，最终成了扑克牌（和其他类赌博）圈的传奇人物，这全要归功于他在机会决定胜负的比赛中具备不可否认的技能。他的名言是："知道60/40的结局、资金管理和了解自己，但赌博不仅仅是这三方面决定的。"

米勒在最近一次采访中解释说："如果把这句话放到投资上，知道60/40的最终局面就是指知道你是否比别人拥有竞争优势，别打赌、别赌博、别投资，除非你有某种竞争优势。"

认识恐惧和贪婪

知道何时利用货币市场的恐惧和贪婪，能带给你在场上获利的优势。但首先，重要的是要尽量精确地界定这些情绪。有人会用100种不同的方法量化这些情绪，但我宁愿用简单方法衡量情绪——相对强弱指数。这是一个技术指标，是威尔斯·威尔德在20世纪70年代发明的，现在依然在使用，流行这么长时间就证明了其价值。我这里不会用其计算公式的数学来烦你，相对强弱指数的基本要点是，指数在70或以上时，价格处于超买；30或以下时，价格处于超卖。

很多交易新手单单用相对强弱指数就想构建交易系统，在指数超过70时卖出，跌到30以下就卖出，这是最常见也最无效的策略。但相对强弱指数本身不应该作为一个信号，只是一种工具，就像一个普通的温

第 21 章　忽视外汇基本面的后果自负

度计，能让交易者立即了解市场的问题。医生永远不会紧靠温度就贸然判断病人是得了感冒还是已经身染肺炎，因此交易者也不应该仅依据相对强弱指数就决定入场。

在诊断时，外科医生总是先确定问题的来由，医生不仅要量体温，还要听胸腔，问一系列缘由，甚至还会抽血，才能判定病情的严重性。货币交易者要想持续盈利，就要遵循相同的规则，只是在交易条件下，病人变成了交易货币所在国的经济状况，病情缘由变成了该国最近发布的基本面数据。

获利最大的好交易一般出现在市场定位的方向与基本面新闻相反的出乎意外的时候，虽然这样的交易不常出现，但其会带来获利的一些最大机会，因为在巨大的调整发生时，大多数市场参与者处于交易的不利面。

你可以将相对强弱指数与意外的基本面新闻结合使用，找到外汇市场盈利概率最大的交易。简单来说，如果市场上贪婪情绪泛滥，而出现意外消极的新闻，就能确立很好的看空交易；同样，如果市场过度恐惧，但新闻意外向好，投资者的信心就对价格产生意义重大的积极影响。

遵守原则

将相对强弱指数与意外的基本面新闻结合，能找到很好的短期交易确立点，其中的原则简单明了：

1. 使用小时图。

2. 如果指数是 70 或更高，就意味着贪婪情绪猖獗，这时如果基本面新闻意外地消极，就看空。

3. 如果指数是 30 或更低，就意味着市场恐怖情绪主导，而新闻却是意外地积极，就看多。

在两种情况下，将新闻发布前的最高点或最低点作为止损点。这个风险控制的原理是，如果价格超过新闻发布前的波段最高位或最低位，那你的分析显然错了。

下面两个例子用欧元/美元说明这个策略在实际中如何运用。第一个例子（见图21-1）中，6月13日欧元/美元的小时图上，指数低于30，市场显然不看好欧元，价格处于超卖区。早上10点钟媒体发布密西根大学的调查报告——美国消费者情绪的重要衡量数据，报告出现了10年来的最差数据，下跌到56.7，而不是预计的59。这份报告属于外汇三个因素中的宏观情况类，显然是美国经济的坏消息，反倒提振了欧元。在报告发布后看多，交易者低风险入场，在之后的24小时内获利超过150个点。

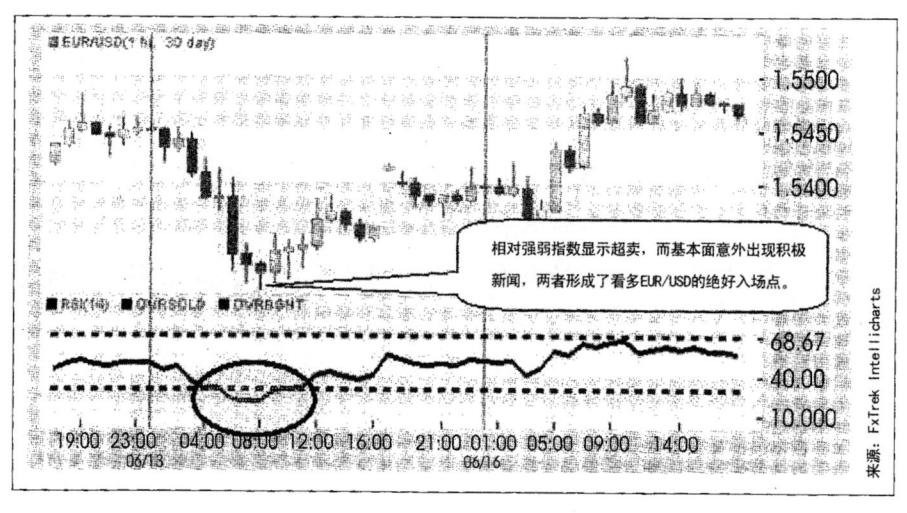

图21-1　2008年6月13日~16日欧元/美元的小时图

另一方面，7月3日的局势则完全相反（见图21-2）。当日，欧洲中央银行主席特里谢召开了每月会后的新闻发布会。市场高度看多欧元，贪婪情绪高涨，但央行行长说了五个字，欧元土崩瓦解，他只是说："我毫无偏向。"

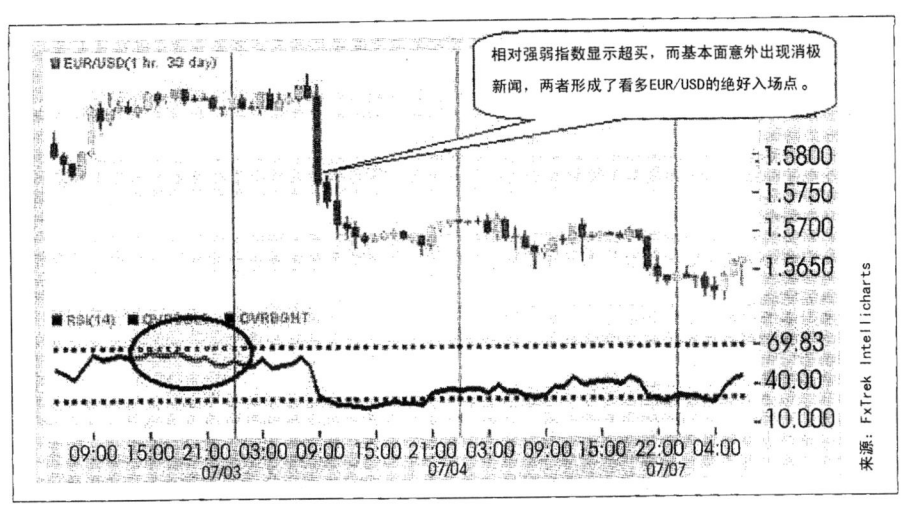

图 21-2 2008 年：7 月 3 日~7 日欧元/美元的小时图

外汇市场所有人都希望利率进一步提高，而那些话则让人大失所望。欧元/美元随后暴跌，看空的交易者在随后 24 小时的交易中至少斩获 150 个点的利润。

第二个例子特别有意思，其并没有完全符合入场的最佳条件。注意在相对强弱指数高涨时，没有完全进入 70 的超买区，就因为这个不完美，我特别钟爱这个例子。

综合利用，获得成功

很多交易新手在学到的交易策略没有如所说的那么有效时，就会暴跳如雷，天真地以为完全照搬秘方就能形成"致富"系统，但与在做饭时有时需要即兴发挥一样，交易也需要同样的灵活性和常识。

成功利用恐惧和贪婪交易的关键是能够粗略衡量价格里的情绪，并将其与基本面的意外情况结合使用，一旦这两个因素同时出现，你就有了很可能盈利的交易确立点，这样的优势是会让"哈巴狗"皮尔森都感到与有荣焉。

博瑞思·谢鲁斯伯格，全球外汇交易公司外汇调研负责人，是全球最经常被引用的货币分析师，为美国消费者新闻与商业频道、彭博社、路透社和道琼斯提供评论文章。他与人合著了《百万富翁交易商：普通人是如何将计就计击败华尔街的》，并著有《货币市场技术分析：从市场变化与商人情绪盈利经典技术》。

本文首刊于 2005 年 10 月的 *SFO*。

第22章 像杰西·利弗莫尔交易股票那样交易外汇

杰米·泽特勒

杰西·利弗莫尔是公认的有史以来最伟大的股票交易者之一，他多次用小钱赚到100万美元的盈利。据说，1929年股市崩盘时是他的事业顶峰，他看空股票，赚了不止1亿美元，但不知缘何，他最终破产并在1940年自杀。造成这样惨剧的原因很可能是他没有遵守自己的交易原则，但他遵守这些原则的时候，取得的交易成就他人难以望其项背。

他的交易秘诀不局限于股票市场，外汇交易者也可以用他的技巧同样在交易中获得优势。

以现在的交易术语来说，利弗莫尔可以被归为波段或头寸交易者。在埃德温·拉斐尔的经典交易著作《股票操盘手回忆录》里，利弗莫尔解释了当时的普遍思想："变现利润不会让你变穷，你不会穷，但你也不会因从牛市赚到的4个点利润就变富。"他会逐步建仓，要让自己吃到趋势的主餐。

利弗莫尔是投机商，不会像交易者那样每天进出市场，他认为找顶部和底部是傻瓜做法，但他的交易策略经常让他能在接近底部时买入，在接近顶部时卖出。

理查德·斯密腾在其著作《杰西·利弗莫尔：全球最伟大股票交易者》中，他以利弗莫尔的口吻说："我一直想要找阻力最小的地方交易，因此我多数情况下一般都随大流。我也总是在找变化的迹象，因此我一直准备独立于流行的认识——大众的认识，与其分道扬镳。趋势的这些重大变化很难抓住，但我不想与大众一起任交易下跌，除非我已经卖空了股票。"

中轴点

利弗莫尔的策略建立在他所说的"中轴点"上，多数交易者现在都知道了这些中轴点，而且一些交易者运用了这些中轴点的某种形式（多得无法计数）以找到支撑和阻力，有助于进入和退出交易。据我所知，利弗莫尔是第一个指出中轴概念的交易者，如果不是第一个，那也肯定是第一批之一。

利弗莫尔认为中轴点是交易量大的日子。一次运行时间过长后，大幅增加的交易量对他来说是一个关键信号，表示市场处于主要运行的终点，但他不是立即退出交易，而是等到市场热潮过后，验证了他看到的就是所说的反转关键要点。趋势结束时，反转核心点可能在今天就指泡沫顶部或恐慌底部。

但不是所有的中轴点都会导致反转，交易量大往往不仅仅表示主要趋势的终点，还可能位于趋势的中间，你自己找张股票图看看就明白了。例如，如果出现大量交易，市场不是立即下滑（或立即反弹），那么就可能出现持续中轴点，这时，利弗莫尔会加仓，甚至建仓。

调整适应外汇市场

你很可能不知道怎么才能把利弗莫尔的交易战术——中轴点运用到外汇市场。要像利弗莫尔那样区分中轴点，就需要交易量，但外汇市场不在集中的交易所交易，根本没有交易量指示，因此不可能像利弗莫尔交易股票那样交易外汇，是吗？

图 22-1 是 1929 年~1933 年的道琼斯工业平均数，上面的指标是交易量，下面的指标是日内幅度（这只是一天的平均真实幅度），肉眼就能看出两个指标有强烈的关联性。

第22章 像杰西·利弗莫尔交易股票那样交易外汇

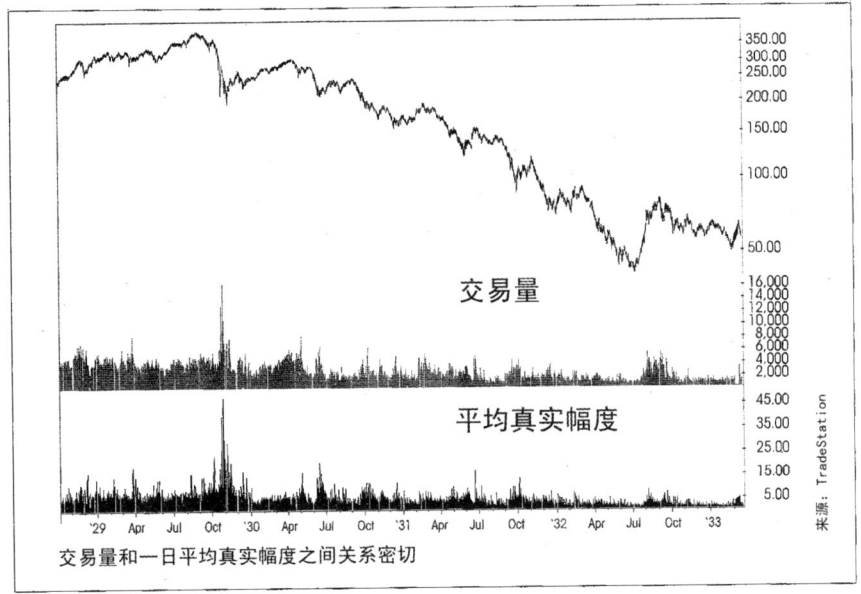

交易量和一日平均真实幅度之间关系密切

图22-1 1929年~1933年的道琼斯工业平均数日图

当然，眼睛也有欺骗性，我们人类总是看自己想看的，这就需要数据来支持我们的假设。如果把道琼斯工业平均指数的价格和交易量数据导出到EXCEL表格中，并对日交易量和日平均真实幅度进行相关性测试，会发现相关系数是79%，系数很高。我对1920年~2008年11月的每日数据进行了这项测试。

直觉上日交易量和幅度应该有紧密关系才说得通，价格配对成功的越多，订单执行得就应该越多。关系联系够紧密了，外汇交易者才能用日平均真实幅度估计交易量指标是否出现。直接在图上画出一个时段内的日平均真实幅度，找出里面的"长钉子"，这实际上就相当于交易量最大值。

在图22-2中，我画出了英镑/美元的日图和一日日平均真实幅度，也画出了日平均真实幅度达到200的最高价时的黑色条。（当然限定值可以不一样，但值越小，中轴点越多。）中轴点（200日最高价）在2007年8月17日出现，如果价格跌到当日最低价之下，那就可以看作是下跌中轴点，但最低价没有被跌破过，而8月17日的最高价在几天后被突破，证实了上涨趋势。

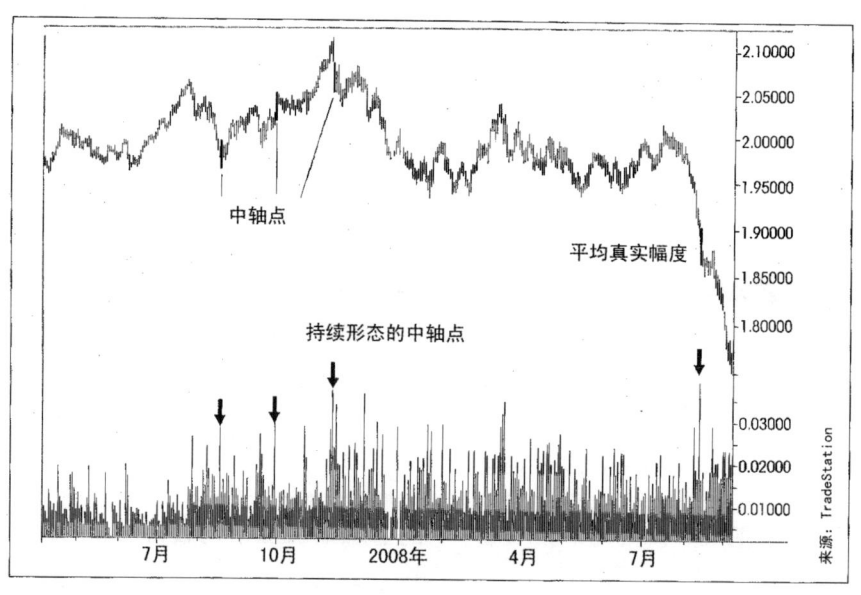

图 22-2　标出中轴点的英镑/美元日图

另一个中轴点出现在 9 月 28 日，英镑/美元几周后打破该天最高价后迅速上涨。

11 月 12 日也出现了中轴点，但这次价格突破下行，证实这次应该看空交易。只要价格低于中轴点的最高价，趋势就是下跌，而该中轴点的最高价并未被触及过。

2008 年 8 月 13 日出现持续型中轴点，大约位于从 2.0156 到 1.7442 的中途点（图上没有显示 9 月份出现的反转型中轴点，不到一个月上涨超过 1 000 点）。

图 22-3 是美元/加元的日图，标出了中轴点，原则与英镑/美元一样，找出前 200 日的最大单日平均真实幅度，价格向哪个方向突破就能验证中轴点是上涨型还是下跌型（有时是反转型或持续型）。

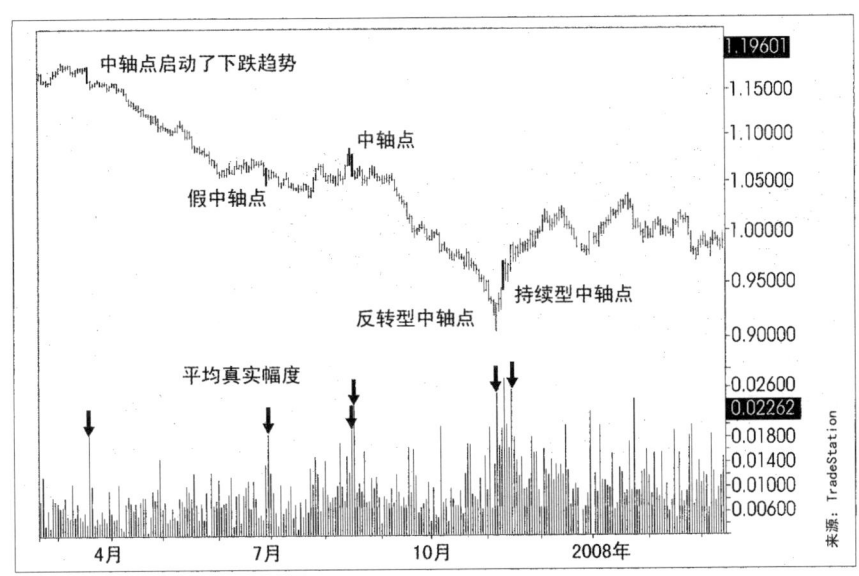

图 22-3 标出中轴点的美元/加元日图

但 2007 年 6 月 29 日出现了假中轴点，USD/CAD 貌似形成了持续型中轴点（本例中是看跌型）。价格一周后跌至中轴点的最低价后继续下跌，但在 7 月 25 日反转，超过了 7 月 29 日中轴点的最高价，抢了最高价的地位，不到一个月后又出现了另一次机会。

中轴点回顾

1. 找到某些时段内最大的单时段平均真实幅度。

2. 如果价格超过中轴点的最高价，进行看多交易；如果价格低于中轴点的最低价，做看空交易。

3. 如果中轴点的最高价和最低价都被打破，那这就不是中轴点。

用不同的时间段试试，如在周图上看 52 个时段，在小时图上看 24 个时段。

> **自己动手：找到中轴点**
>
> 要更精确地找到中轴点，就要找出某些时段（24 小时、21 天、200 天等）内的单时段（5 分钟、60 分钟、1 天、1 周等）最大平均真实幅度。
>
> 你可以用 Excel 里的最大值或百分比排序功能找，如果找到的最大值是当前时段的平均真实幅度，那这就是你的中轴点；同样，如果当前的百分比值是 100%，那这就是中轴点了。在 Trade Station 平台，用彩条功能就能找到某些时段内的最大单时段平均真实幅度，并会用颜色（我用红色）标出。
>
> 在 Easy Language 平台：
> 输入：Length（200）
> var：atr（0）
> atr＝avgtruerange（1）
> 如果 atr＝最高价（atr, Length），然后启动 Plot Paint Bar（最高价，最低价，中轴点，红色），结束

把握时间和资金管理

《股票操盘手回忆录》里更广为人知的一句话是："让我赚大钱的不是我的想法，而是我站的位置。"看了这句话的不少人认为利弗莫尔的意思是任仓位随交易运行，要抓住大变动。这么想没错，但这本书给出了更重要的诠释："买卖的理由不会总那么充分。"换句话说，有时候正确的交易就是不做交易。

持币观望没什么错，一些应该赚钱的交易者就因为过度交易而亏损，这种情况下，中轴点就不只是一个定时技巧，等着形成中轴点还可以是一个资金管理技术，防止过度交易。

第22章 像杰西·利弗莫尔交易股票那样交易外汇

利弗莫尔成功的投机中，股票的保证金不会超过10%，换句话说，交易者只把投资额的1/10拿去冒险（10:1的杠杆），保证金这么低，很可能就是利弗莫尔那么注意时机的原因之一。从这方面说，20世纪初利弗莫尔交易的股票市场类似于今天的外汇市场（保证金比10%还低得多）。

斯密腾站在利弗莫尔的角度在书中写道："时机就是投机商的一切，问题从来都不是股票是否会变化，而是股票什么时候上行还是下跌。"这看起来显而易见，但我发现很多交易者根本不注意市场何时可能变化，这好像是交易者——无论看空还是看多——的一贯做法，就等着变化完全显现。市场向预期方向运行前可能会盘整一段时间，突破发生时，条件可能已经变了，突破可能会向相反方向运行。

此外，总是处于市场风险之中也不是明智之举，应该在冒险投资之前等中轴点出现。

利用工具

引用埃德温·拉斐尔书里的一句话来结尾："但在实际操作中，要防范很多事情，最需要防范的是自己，也就是控制人类的天性。"

用杰西·利弗莫尔的方法交易有很多好处，最重要的一个好处就是中轴点会防止过度交易，这是交易者经常忽视的错误，自己还不明白错在哪里。

用中轴点交易的另一个好处我也说了，就是你总能知道自己错在哪里了。止损应该设定在中轴点的另一边。不过度交易，且一直知道在哪里止损，有助于牢牢控制人性冲动，冲动往往会导致犯错。

无法控制人性冲动最终导致了利弗莫尔的结局。当他能够遵守自己的原则并客观看待市场的时候，就是有史以来最伟大的股票（和商品）投机人之一。希望这次对他交易技巧的分析能帮你提高外汇交易成绩。

杰米·泽特勒，福汇集团（美国）的资深货币策略师，著有《外汇市场的情绪》。泽特勒是活跃的外汇交易者，操作谨慎，他的技术策略每天都会刊登在 DailyFX.com。

本文首刊于 2009 年 3 月的 *SFO*。

第23章　外汇市场的连锁反应突出

路易斯·门德尔松

世界各地的外汇交易者都应该知道现在的各金融市场在全球范围内相互交织，不应该彼此孤立分析，甚至交易新手都知道影响一个市场或金融板块的举动很可能扩散出去，在其他市场产生反响，因为今天没有哪个市场——特别是外汇市场（全球贸易的核心），能够绝世独立。

但市场如何相互作用的现实与技术分析之间仍然存在很大的脱节，后者每次只看一个市场内部，技术分析在这方面落后于金融市场的全球化。

20世纪80年代出现了改变，个人电脑盛行，通讯全球流通，借助互联网的增长，这种态势在20世纪90年代加速发展，随着跨国交易所的联合，这些变化更是来势汹汹，加速了全球金融市场的相互联系。现在交易者要认真考虑其他市场的情况，即使这些市场看似与其交易市场没什么关系。

但大量个人交易者特别是刚学会技术分析基础知识和外汇交易原理的新手，仅仅依靠从20世纪70年代就一直在用的单一市场技术分析策略——以一种方式或其他方式，这种狭窄的技术分析方法出现于市场全球化之前，因此我认为其中的一大部分交易者交易失败，最终没入市多长时间就会丢掉自己的交易资本。

当然，交易者仍然需要分析其交易的单个市场的价格变化历史，即使不为别的，这样做仍然能找到双顶形态、趋势线被打破或移动均线交叉点，其他交易者也都在看，因为这种单一市场指标反映大众心理，有助于驱动市场行为，但这种狭隘关注的作用仅此而已。

我从20世纪80年代中期越来越认为，随着全球经济态势开始成形，要想领先众人早日看到目标市场的价格方向，跨市分析就至关重要。从那时起，我就提倡交易者应该把跨市分析纳入交易策略中。现在处于世纪之交，我想完全可以说，鉴于当前全球相互联系的市场状态已经成熟，投资人的分析中要有跨市视角已经不可避免。

警世恒言

在股票、农产品和货币市场进行跨市分析由来已久，股票交易者多年来都在比较大小盘股之间、板块和整个市场指数之间、股票之间以及国际或国内股票之间的回报；基金经理人想获得投资组合的优良表现时会想到多样化和资产配置。无论他们是要进行利润投机还是利用暂时的价格差异套利，跨市分析从这一意义上来说早就成为股票交易的内涵之一。

同样，商品交易者几十年来也在进行跨市分析，农民就是其中之一——虽然他们可能不知道自己的行为有这样一个说法。农民从几种作物里——玉米和大豆，选出该种什么，他们其实是在考虑每种作物的当前和预期价格、产量大小以及生产成本，他们不是单独考虑一个市场，而是知道对一种作物的决定可能影响另一种作物的价格，要让两种作物的价格保持与历史水平一致。

货币交易者和银行在"外汇对"这个词被个人交易者熟知之前就交易价差（看多一种货币同时看空另一种），也进行跨市分析。

多米诺效应

原油和黄金等商品市场包括美国长短期国债在内的其他金融市场影响巨大，后者又对全球股票市场影响很大，双方又都会影响美元和外汇市场，又进一步影响商品的价格。

这种多米诺效应开始好像发生在看似独立或相对小的引发事件上，经过循环的因果相互过程，可以连锁影响全球各个金融市场，就好像自己有生命一样。这一过程的背后隐藏着通胀预期、不同国家的利率变化

第23章 外汇市场的连锁反应突出

和差异以及信用风险、公司盈利增长率、股价和外汇波动,以及龙卷风和恐怖袭击,这些都是会推动这一过程运行的潜在启动机制中的几个因素。

现在,很难找到一个市场不受相关市场的影响或不反过来影响其他市场,这就是为什么全球的"热钱"都能进入那些回报可能更高的市场,而且在外汇市场上尤其如此,外汇交易者总是用一国货币交易其他国货币。近几年出现的所谓套期交易对回报的追逐非常明显,高深的交易者和对冲基金会借入低利息国家的货币,如日元,然后把这些资金投资到高利息国家(包括新西兰和澳大利亚)的金融工具中。

自从1987年股市崩溃起,这种相互作用已经演绎了好几次,包括1997年亚洲货币危机、1998年长期投资管理公司倒闭和美国2001年恐怖袭击后的危机。鉴于全球金融系统在将来时时存在的全球金融危机面前脆弱的稳定性,每个事件的发生都会产生深远意义。

最近的事件则表明美国次债市场如何波及全球对冲基金和银行,让股价如履薄冰。交易者买入日元卖出高利息货币进行套息交易增加现金,为自己的基金提供流动性。这一行动甫一开始就能自力更生,影响了无数全球市场,包括外汇市场。不到一个月时间,日元从"软"通货变为对美元的汇率达到14年的最高值,澳元/日元从107日元之上急挫到86日元(见图23-1),表明外汇市场上美元对其以外的外汇存在大量交易机会。

美国最近债务市场的危机和影响高杠杆基金的余波再次表明了全球金融市场的联系程度,与债务工具有关的经纪公司和对冲基金出现内乱的影响在几个小时内就波及全球的银行和其他金融机构,促使美国、日本和欧盟及其他地方的央行向本地区注入资金提供流动性,希望能阻止金融危机进一步扩散或变得更加严重。

与往常一样,交易者在金融危机中会寻找硬通货,因此提高了美国债券和美元的价值,后者又再次从危机的边缘逃过一劫,如一些评论员一度预言的那样。目前还不确定美联储和其他央行的行为是缓和了此轮危机,还是仅仅将其推迟了一段时间。

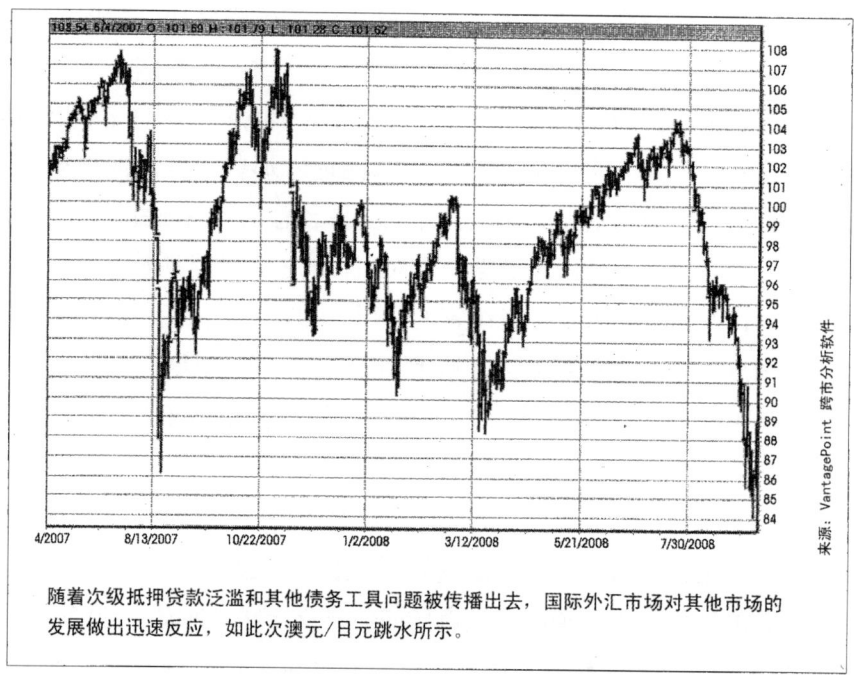

随着次级抵押贷款泛滥和其他债务工具问题被传播出去，国际外汇市场对其他市场的发展做出迅速反应，如此次澳元/日元跳水所示。

图23-1　澳元/日元套息交易

答案取决于是否还有其他的"定时炸弹"隐藏在包含了美国抵押贷款和房地产市场在内的谜题中。但外汇交易者从中应该领悟的关键是要注意外汇市场之外的情况和其他地方的星星之火，这些星星之火可能会在全球引起燎原之势，无疑也会影响到货币市场。

采取下一步措施

必须知道金融市场彼此依赖，但这还不足以能够在外汇交易中盈利，要想把这一点意识变成交易利润，就要能了解这些市场相互关系，然后将这一信息运用到真实的交易环境中提高业绩。这个问题是我前20年的研究重点，我想分析全球市场如何彼此影响，并量化其关系，开发出交易者能够利用这一信息的预示性技术指标和方法。

例如，如果交易者想判断欧元比美元的价值，不仅需要看欧元的数据，还要看无数的相关市场信息，才能知道其对欧元/美元的影响，其他相关信息包括其他货币对和美国长短期债券，以及乍一看可能没什么关系的其他市场。

其他市场与美元一般是相反的，特别是在国际贸易中与美元计价的黄金或石油市场，如果美元的价值下跌，外国货币自然有不同程度的上涨，黄金、石油和其他很多商品的价格一般也都上涨。

几年前美元价值走弱，石油输出国组织在出口原油时开始以欧元计价，以弥补美元贬值的损失。当美元指数下跌到约 71 的历史低点时，俄罗斯也在讨论是否以欧元计价石油，有些国家也声称计划将其一部分外汇储备从美元变为其他货币。很多市场——不只是外汇市场——的交易者需要注意美元是否能保持其储备外汇的地位，同时要考虑如果美元在国际金融市场的地位降低会有什么影响。

分析挑战

2007 年的市场动荡越来越突出，很多交易者仍然忽视跨市分析或无法将其当做交易机会有效执行，他们最多是简单比较市场和市场间相互作用的复杂性——我称之为市场协同作用——以及彼此如何影响，意味着仅仅比较两种货币的价格图以及看看其价格之间的价差或汇率（来衡量自己根据另一种货币采取行动的程度）根本无法满足现在的交易全球化条件。

这种方法也太局限，没有考虑到另一种货币或其他相关市场施加的影响。此外，这些相互关系研究忽视了全球经济中影响市场相互关系的提前与延迟。

在当今的全球市场特别是外汇市场，交易者必须在分析中包含（从某种程度上说）即使看起来关系遥不可及的市场。

引入跨市数据

跨市分析为分析提供了更综合的数据点，而不是仅仅看单个市场的历史数据。通过利用所谓神经网络的虚拟智能工具——我在20世纪80年代前后首次在工作中使用，目标市场（如货币对）的单个市场数据以及几十个市场的相关市场数据都能输入神经网络。如果网络经过恰当设计、培训和测试，就能输入每天更新的当前数据进行实时交易，产生目标市场的短期预测。

还不能进行正确的长期预测（就像不可能预测天气），神经网络仅意在对未来一两天做出预测。当然，即使时间段这么短，要100%正确预测也是痴人说梦，不仅不现实，也完全不可能，原因在于市场本身的随机性和影响市场的无法预知的事件。

没有万能药

好消息是所有交易者的确需要努力扭转局势，使其对自己有利，做出逻辑上一致、正确的短期预测。有了神经网络这样的强大分析工具——其用相关的外汇市场和其他全球市场的跨市数据以及移动均线和平滑异同移动平均线等流行技术指标，能从单一市场的滞后指标转变为市场间的提前数据（见图23-2）。

通过使用提前指标获得的预测性信息，交易者在执行交易策略时就有了信心和自律，会毫不怀疑或犹豫地在恰当的时间出手。在快节奏的外汇市场，这可能就是失之毫厘，谬以千里。

第 23 章 外汇市场的连锁反应突出

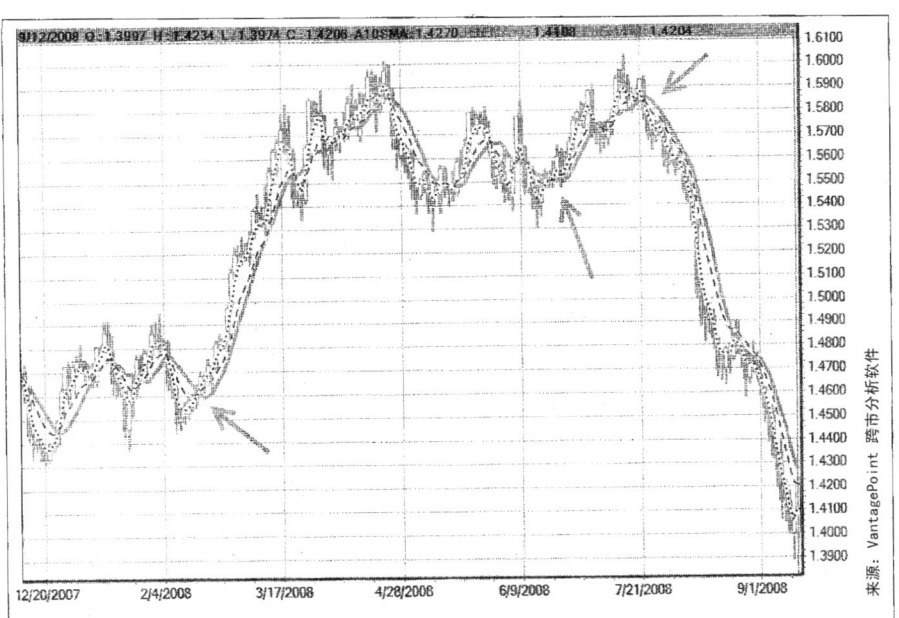

跨市分析提供的数据能够用于形成短期预测移动均线（…线）和预测中期（－－－线）移动均线，后者有时会在几天内导致实际的中期移动均线（线）出现转向（如箭头所示）。

图 23-2　欧元/美元跨市指标

路易斯·门德尔松，市场技术有限公司（www.TradeTech.com）总裁和首席执行官，将计算机应用到金融市场的世界著名领头人。他在 1983 年第一个将策略回溯测试软件引入计算机，然后在 20 世纪 80 年代中期引入了跨市分析软件，1991 年推出了 Vantage Point 跨市分析交易软件，用形态识别跨市数据来预测市场趋势。Vantage Point 现在每天分析 600 多种商品、金融工具、股票、交易所交易基金和外汇市场。门德尔松著有《用跨市分析软件交易外汇》和《用跨市分析软件预测趋势》。

本文首刊于 2007 年 11 月的 *SFO*。

第 24 章 外汇套息交易有妙招

詹姆士·陈

截至目前很长时间以来，分析师已经大声宣告了外汇套息交易的死亡。这些评论员认为其原因在于投资人越来越厌恶风险，美元利率不断降低，利率差异大幅度减小，因此这种曾经风光一时的交易策略看来前景惨淡。

除了这种悲观前途，一旦传统的套息交易货币对在汇率重大调整上发生错误，立即就有货币分析师开始另一轮的大范围投机。他们的评论依然是套息交易风头已过，投资人最终要永远放弃其乐观的利率差异观。

从长期看，这种变形的传统买入持有型套息交易的悲观前景很可能成真。

从稳步增长的汇率和利率差中坐收大笔渔利、轻而易举致富的旧日好时光无疑已经成为明日黄花，这些好条件也许某一天会再来，但就可见的未来而言则非常不可能了。曾几何时，交易者闭着眼睛买入并持有澳元/日元都能不断有小钱入账，但在今天的经济环境下这么做可就有点傻了。

新转折

虽然传统的套息交易不会像以前那么万无一失，但这里要介绍一种加强型变形，应该是个利用利率差获利的相当聪明的选择，这是直接优化进出场的方法，在降低风险、最大化指向性增益方面有奇效，同时还能获得套息交易标志性、广受欢迎的额外收益。这种简单的策略加强或许可以称之为"技术性套息交易"。

在介绍这种加强型策略的细节之前，先来简单说明一些传统套息交易模式。货币套息交易根本上就是长期的基本面投资模型，意在利用不同央行利率的巨大差异。

例如，如前所述，交易者可能看多澳元/日元，因为澳元利率相对较高，而日元利率则极低，套息交易实际上就是买入澳元同时卖出日元，实际效果就是交易者会获得高利率而支付低利率。

这样就产生了利率差，如果结合散户外汇交易普遍存在的高杠杆（一般是50∶1、100∶1，甚至更高）一起使用，就相当有利可图。如刚才举的例子，澳元和日元之间的利率差一直有很大的净利率收入，当然任何外汇交易者都可以利用，对大多数散户经纪公司来说，只要有头寸，这种杠杆净利率差获得的利润每天都有进账。

其中究竟

在套息交易中一般买入利率高的货币对，目前包括新西兰元（NZD）、澳元（AUD）和英镑（GBP），可能还会有其他的后来者。日元利率一直很低，因此在套息交易中是被卖出的货币，因此，新西兰元/日元、澳元/日元、英镑/日元这样的货币对显然是套息交易中最明显的选择。

但这里隐藏了传统套息交易方法的主要问题。虽然套息交易历来是获得巨大可量化利率回报的有力工具，但执行这一策略的风险往往远高于其利润。传统做法的主要风险在于汇率的大幅不利运行会彻底吞噬任何利率收益。

在进行套息交易时的主要假设是大型货币交易者——即大型机构投资人会不断将其资金转移到高收益资产，由此提高高利率货币的价值，因此按照这种推理，买入高利息货币相对安全，因为资金会不断流入这些货币，造成其升值。这看起来是一种合理推理，支持了简单的买入持有套息交易策略，但即使是粗略瞄一眼任何套息货币的长期图，都会看到汇率出现的大幅波动，这就推翻了国际资金流向的简单假设。

当然，套息交易的理想情形是既能从日利息中获利，还有希望获得资产升值，但在现实中，如果用传统观的买入持有套息交易方法，只能控制和知道利率差。汇率必然的波动往往会将账户洗劫一空，这一问题很少能得到令人满意的解决。

一些套息交易者解决这一问题的办法是投资多样化、平衡的一揽子货币对，希望能抵销任一货币对的巨大汇率波动。这种方法在弱化一些不利变化的打击时还有点作用，但鉴于还没有能够有效对冲、自我控制且不会极大降低利率收入的系统，实际上还没有这样的好套息货币对组合，"套息篮"方法的作用有限。

但之前介绍的技术性套息交易中有一个好得多的做法。结合支撑线和阻力线的技术指标和利率分析的基本面原则（以及一些合理的进出场技术和恰当的资金管理），技术性套息交易者可能获得巨大的成果。

开始吧

这里说的技术性套息交易包含三个主要步骤，一般分为：（1）基本面筛选；（2）技术面筛选；（3）执行交易。

第一步基本面选择，技术性套息交易者缩小要监测的货币对范围。第一个筛选标准无疑是当前利率差，例如，如果只限于选择当前利率差比较高（例如，至少300个基点或3个百分点）的货币对，这会保证即使在考虑到利率价差之后，杠杆化后的利率收益相对于汇率风险也非常可观和合算。

但比只看当前利率差更重要的或许是，交易者最好要仔细审查利率差未来的可能走向，这仅需要从基本面看看利率趋势以及舆论对货币对中的两个货币看法如何。只要货币对当前的利率差足够大，而且不管利率差预计会加大还是会稳定，都在基本面上是好选择。

分析了当前和预计利率差之后，交易者就有了为数不多的货币对，再开始第二步技术面筛选。交易者可以按照自己明确的技术原则筛选，但这种方法的重点在于尊重和遵守长期支撑线和阻力线。

在经过技术性套息交易者基本面筛选后的货币对中，只有当货币对在事先确定的支撑/阻力区内或有附件时才能采取行动。举个例子，对澳元/日元这样经常交易的货币对，从技术面看，最好的买入区可能位于年波动幅度下1/3内，这就是十分明确的支撑区（见图24-1）。这个设定还可以根据不同交易者的风险承受度调整到下1/4处或下半部分。

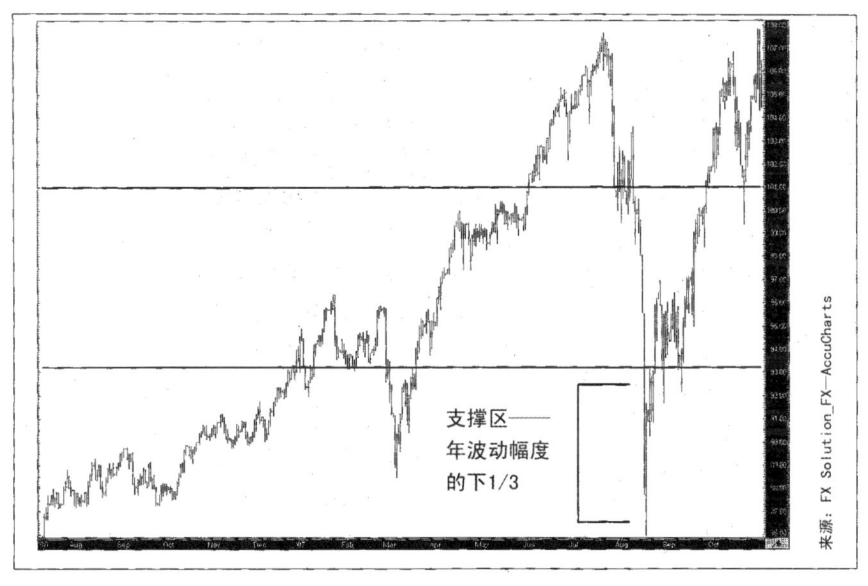

图24-1　澳元/日元日图

这种严格交易方法仅是为了防止在价格从技术上过度拉伸时入场，有助于杜绝危险而无利可赚的入场，否则一次不利的大波动就会造成全军覆没。在支撑区入场进行看多套息交易（或在阻力区入场进行看空套息交易），技术性套息交易者只要闭着眼睛随大流入场就能获得巨额利润。

除了利用刚才说的水平支撑/阻力区，交易者还能用支撑线和阻力线找到其他获利概率很大的入场点。例如，如果交易者想在远高于策略支撑区的地方入场进行看多套息交易，但现在处于上涨趋势线的下探回拉位置（如图24-2），这时，虽然交易可能不符合水平支撑/阻力区标准，但仍然是一个获利概率很大的交易，因为这笔交易发生在下探时，而且处于更大趋势的方向上。

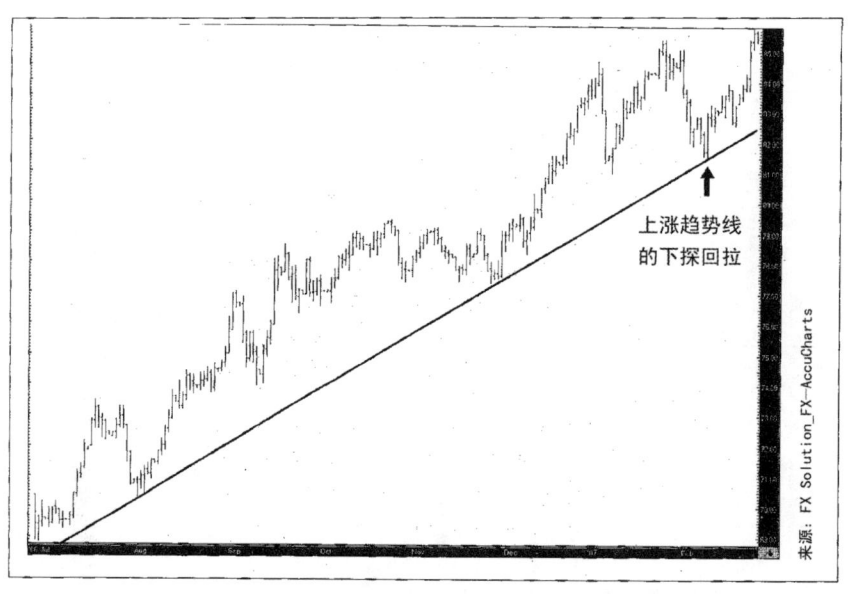

图 24-2　新西兰元/日元日图

技术分析在技术性套息交易中的另一个重要用途是用于保护性止损。图上的技术参考点是确定谨慎止损点的最好方法之一。如果在上涨趋势线上的下探回拉点入场进行看多套息交易，保护性止损设在稍低于趋势线的地方，就能形成恰当的风险回报率。同样，在货币对年运行幅度下1/3处的支撑区入场进行看多交易，低于年最低点的区域就是策略止损点的合理位置（见图24-3）。

谈了技术和基本面，技术性套息交易的最后一步就是执行交易，万万不得对此稍有轻视。技术性套息交易策略最好的交易执行是用几个阶段入场点，具体来说，多次或分步交易要平均分配在指定支撑或阻力区进行，可以根据支撑/阻力区的一定点数或百分比数划分入场点。这种多次入场方法能够比一次性以一个价格入场更好地分散风险。

第24章 外汇套息交易有妙招

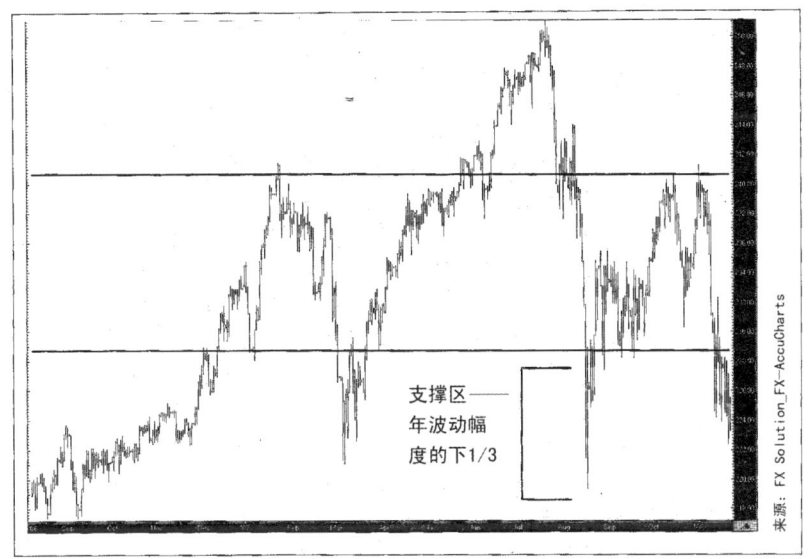

图24-3 英镑/日元日图

例如，随着价格波动进入看多交易对年波动幅度的下 1/3 区间，可以在这个支撑区以固定价格间隔分期入场，进行这几笔交易时，潜在日利率收入稳步提高。交易者也可以利用不同期交易的各自利率目标定期兑现汇率收益。

上面说的保护性止损也可以设定在技术性指标水平，这些水平已经没有理由成为入场点了。你在支撑区多次买入看多头寸时，所有头寸的恰当止损可能位于货币对年最低价之下的某个地方。

降低风险

利用刚说明的特定交易执行方法，技术性套息交易者既能够获得传统交易者的利率收入，还能获得多次入场积累的预期交易利润，同时还能极大地缓解一次性入场和账户可能打水漂的风险。在结合使用基本面利率分析和技术性支撑/阻力分析时，这种交易方法提供的优势能够使技术性套息交易成为获得全球利率差异利润的蹊径。

> 詹姆士·陈，FX Solutions 的首席技师分析师，也是特性市场技术分析师和注册商品交易顾问。陈每天撰写货币分析，组织外汇交易论坛，为大型金融出版社写了无数外汇交易和技术分析文章，著有《外汇交易精要》。
>
> 本文首刊于 2008 年 3 月的 *SFO*。

第25章 交易欧元：
关注它、挤压它、爱它、离开它

约翰·卡特

交易是世上最骗人的行业。没有经过任何培训，谁也不能走进机场，跳上一架747，开上跑道就飞，但人们都习惯了不经过任何指导就开个户进行交易。

对我来说，交易中发生的最大变化是我知道了抛开大脑，只关注几个好的交易确立点。一旦我知道了这几个确立点，下一个问题就是每次在做每笔交易时都能同样按照这些确立点操作，不思考，不啰嗦，不怀疑。我记下自己的交易行为，给自己每次执行确立点的表现打分，而不是记下自己赚了或赔了多少钱。盯着盈亏自然就助长了让很多交易者痛苦不堪的坏习惯，但确立点方法能培养促使交易者不断进入盈利王国的习惯。

尝试和真心喜欢

我喜欢哪些确立点？虽然我用大量交易时间关注电子迷你标普和迷你道指，但很多时候这些指数是一潭死水。如果这些指数交易有了起伏，但比帕丽斯·希尔顿一成不变的生活还波澜无惊，我就到外汇上找下一个确立点。外汇中两个最受宠的确立点称为"匣子游戏"和"挤压游戏"，我主要在欧元/美元上运用，但它对所有货币对都有效。

我喜欢在交易日用些时间赚快钱，随意找货币对快进快出市场，但我还是会用一些时间抓住日内以及几日内和几周内的潜在大幅运行，这就是说用一个账户赚快钱，用另一账户进行波段操作，两种操作都能用到匣子游戏和挤压游戏，后者是多用途的确立交易方法。在日内交易上，我用 5 分钟和 15 分钟图，在波段交易时用 60 分钟和日图。

交易者能很快明白市场从不会永远一直上涨或下跌，市场当然会在很长时间内勇往直前，但有时需要休息和盘整，有时甚至会一跌到底，抵销所有曾经的辉煌增长，就像全力冲刺的时间有限，身体会耗尽所有力量，市场也只能运行那么远的距离，然后就需要停下来休息一下，为下次重大运行储备力量。

匣子操作时要找正在休息、将进行下一次向上或向下爆发的市场。这样的市场应该有一段时间的水平盘整时期，其最高价和最低价至少分别经过了两次试探。找到这两次试探后，交易者就要在匣子的向上突破点买入或在匣子的向下突破点卖出，目标价格就是匣子的宽度。（这些做法在所有交易时段内都适用，但我自己在日交易时倾向于 5 分钟和 15 分钟时段。）

波段交易者可以看 60 分钟图和日图，这两种图在波段操作和日内操作都能用得到，但每种时段彼此独立，换句话说，交易者可以同时用 60 分钟匣子和 5 分钟匣子操作，参数和方向都不同。此外，因为欧元 24 小时交易活跃，这些匣子操作可以在任何时间进行。我每天晚上都要睡会，但如果我被服务员戏弄了（即我晚餐后点了无咖啡因咖啡，而他们给了我含咖啡的，我只好躺在床上瞪着天花板），我就不睡了，会查一查匣子操作是否在晚上可行。

买入原则（卖出则反其道而行）

1. 建立 24 小时图，这样在用这个确立点指标时会考虑到晚上的活动。

2. 按照想要操作的时段确立简单条状图，上面没有其他任何指标或"没用的内容"，多找几个不同的时间段，看看哪里正在形成匣子操作。

3. 随市场运行画一条水平线，然后标出最高价和最低价，随市场运行调整几次水平线，一旦其中一条线被测试了两次，就有可能形成匣

第 25 章　交易欧元：关注它、挤压它、爱它、离开它

子操作。

4. 在匣子的另一边再留意有没有测试，假设的确发现了，那么就有了分别对最高价和最低价的两次测试，匣子的宽度是 20 个点。

5. 一旦匣子形成，就下两个订单，在匣子最高价之上一个点的地方确立买入止损订单，在匣子最低价之下一个点的地方确立卖出止损订单。无论市场向哪个方向突破，交易者静等订单成交。

6. 触及买入止损时，在入场点之上 20 个（匣子的宽度）点处确定限价卖出订单，卖出止损点不变，现在则成了止损订单，这就是说风险回报率稍高于 1∶1。

7. 在触及止损或目标价时退出交易，别用跟踪止损。

图 25-1 是欧元/美元的日图，说明了波段操作，形象展示了"匣子的力量"。5 月 20 日和 5 月 21 日形成最低价 1.1620，5 月 27 日市场乏力，从最高价下跌，抛盘开始，匣子的高度 312 点（稍多于 3 美分）。6 月 4 日和 5 日市场再次测试了匣子的最低价，6 月 16 日再次测试匣子的最高价。看到这种情况我就下单了，在 1.1933 设立买入止损，在 1.1619 设定卖出止损，市场触及卖出止损。由于匣子的宽度是 312 点，我据此计算了目标价，在 1.1307 设定了买入限价止损，止损还是原来的买入止损点 1.1933。

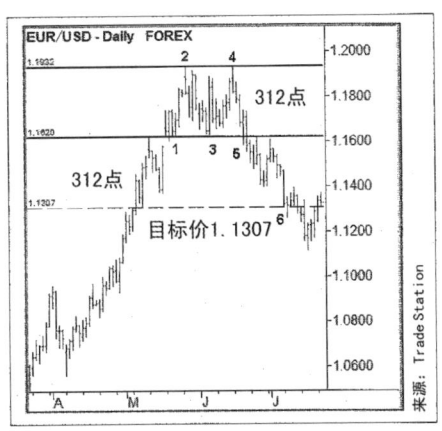

图 25-1　欧元/美元日图

市场顺利下跌，然后回头上涨，用跟踪止损的交易者就会因为一点收益被止损出场。我止损拉大而且不用跟踪止损的原因就在于这是一个胜算很大的操作方法，整个设计需要"活动余地"才能发挥效能。近两周后我的目标价实现，获利312点，即每份合约获利3 120美元。

8月3日欧元15分钟图上形成匣子（见图25-2），第一个最高价在点1，几小时后，潜在最低价形成，我在这里的最低价画出了第一条水平线。然后市场反弹，再次试探了最高价，接着市场平滑下跌，再次考验了最低价，这个最高价比第二高的最高价还低，我随即将水平线移到这里以反映这个最低价。

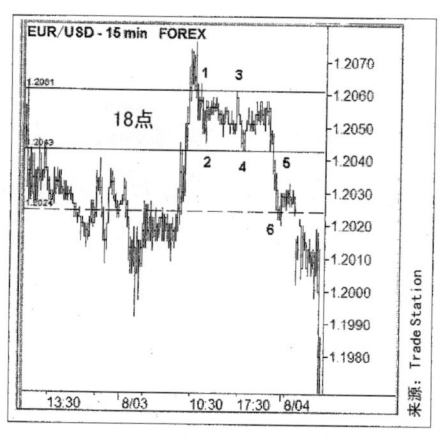

图25-2　欧元/美元15分钟图

这些线确定完毕，我就开始下单。在1.2062（比最高价高1个点）设定买入止损，在1.2042（比最低价低1个点）设定卖出止损点，然后价格触及卖出止损点。由于匣子的宽度是18个点，我计算了目标价，在1.2024设定限价买入订单，止损点还是原来的1.2062买入止损点。达到目标价后，我退出交易，获得18个点的利润，即每份合约180美元。我没必要取消自己入场时设定的买入止损，我的操作软件会自动取消。

第25章 交易欧元：关注它、挤压它、爱它、离开它

现在如果我能自动记着恭维妻子每天出门前的衣着，就能安心准备好交易了。

图25-3中，第一次测试最高价出现在1.2347，市场从这一价位起抛盘，我随即在这个最高价画了水平线。市场抛盘下跌到1.2323，我也在此画了水平线，稍后我把这条线上移到1.2331，因为其他的价格支撑试探离这个价位比那个"不服管教的点"更近。在最高价位和最低价位分别各出现了一次试探，四次价格试探完成后，我就在1.2348设定了买入止损订单，在1.2330设定了卖出止损订单。虽然匣子不是那么标准，但无疑已经形成了清晰的水平通道。

图25-3 欧元/美元15分钟图

买入止损订单被激活，因为匣子的宽度是16个点，我把目标价定在1.2364，并同时设定了限价卖出订单。卖出止损不动，仍为止损点。达到目标价，我获得16点退出，每份合约盈利160美元。我本来可以把不听话的点作为最低价进行计算，交易利润则更大。关键之处在于价格下跌几个点时，在哪里画水平线就无关紧要了，只要匣子已经确定就行。我以前的一位导师再三强调："别抓了芝麻丢了西瓜。"下面来看看下一步。

挤压游戏：在火车离站时再跳上去

挤压游戏利用了市场的平静时期，波动已经大量降低，市场正在为下一次向上或向下的重大运动积累力量。布林带收窄以至于交易在肯特纳通道内进行时，这就可以认为是平静时期了，这一时期波动和信号都减少，市场要喘口气，为下次运行积蓄力量。

布林带重新超越肯特纳通道的范围时会出现交易信号。我用12个时段的动能摆动指数确定是看多还是看空，值大于零时看多，小于零时看空。这些都是打包好的，大多数的制图软件套装里都有。至于参数，我只用Trade Station的默认设置就行，而且还会再多走一步，将所有这些内容融合到一个指标中，在图上更容易看。

买入原则（卖出时则反其道而行之）

1. 画出24小时图，可以将晚上的活动也计入指标计算。

2. 这种方法要注意的地方是第一个黑点（见图25-4），这不是交易信号，但是提醒了交易信号正在形成。

3. 这个指标的信号是一系列黑点后的第一个灰点（本页图上有详细显示）。

4. 一旦在一系列黑点后出现第一个灰点，如果该柱状条在零之上，就看多。一旦信号出现，设定市价订单，这时动能唱主角，交易者别让可能无法成交的限价订单搞乱了阵脚。（记得芝麻西瓜的事吗？）

5. 根据所用图的时段确定止损。在5分钟图上用20个点的止损；在15分钟图上用25个点的止损；在60分钟图上用30个点的止损；在日图上用50个点的止损。一个点相当于一美分的1/100，或一份正常规模合约里的10美元、迷你合约里的1美元。

6. 仅根据交易动能确定目标价。一旦动能信号开始减弱（掉头），就退出交易。

7. 勿用跟踪止损。我对这种头寸就像对待婚姻一样——或许想改变交易的一些内容，但最后我知道还是顺其自然最好。

第25章 交易欧元：关注它、挤压它、爱它、离开它

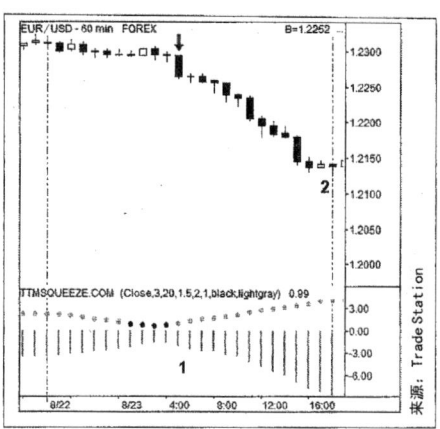

图25-4 欧元/美元60分钟图

8月23日我起床后发现欧元刚刚发动挤压（如图25-4所示），标志就是连着三个黑点后出现了第一个灰点，此时的柱状条低于0，我看空交易，在1.2252成交，在1.2282设定了30个点的止损。市场抛盘严重，动能从未抬头。我整天都在场内，直至东部时间下午4:00动能开始放缓时退出，成交价是1.2146，获利103个点，每份合约赚了1 060美元。

图25-5是欧元5分钟图，在早上快到东部时间10:00时进入"黑点区域"，25分钟后出现第一个灰点（点A），柱状条超过0，因此我看多并在1.2054成交，止损点在1.2034。市场在接下来的90分钟内稳步上行，在即将到中午12:00前开始势弱（点B），我退出市场，在1.2153成交，获利119点，每份合约赚取1 190美元。

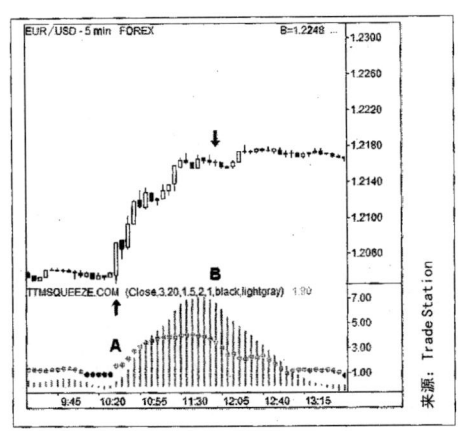

图 25-5　欧元/美元 5 分钟图

风平浪静时

市场进入平静期时出现匣子游戏和挤压游戏，市场进入平静模式的唯一原因是要为下一次重大运行积聚力量。交易者要对这一举动保持警惕，当然还要注意运行的方向，这两种方法都有助于交易者利用市场的起起落落。

最后，我认为强调交易者要找到适合自己个性的市场非常重要，这一点的重要性再强调都不为过——如果他们想要获利的话。如果你发现只有在买入突破上行和卖出突破下行你才舒服时，那欧元很可能就是你的选择。这个市场趋势下跌和形成都非常突出，而电子迷你标普往往用假突破下行和上行欺骗交易者。换句话说，如果你在买入标普突破上行时吃了亏，那就试试欧元。

第25章 交易欧元：关注它、挤压它、爱它、离开它

> 约翰·卡特，交易市场公司总裁，该公司提供金融市场信息。卡特前19年一直都在进行活跃交易，他在英国剑桥大学学习国际金融，然后从奥斯丁的德克萨斯大学毕业。从1996年起他就是全职交易者，1999年推出了www.tradethemarket.com，并在2005年专门针对外汇市场推出了www.razorforex.com，著有《驾驭交易》。除了与管理基金合作，他每天的市场策略和交易对象会为很多经纪公司的客户自动执行用于交易。
>
> 本文首刊于2005年3月的 *SFO*。

第26章 根据外汇特性定制自己的技术方法

布瑞恩·多兰

对技术分析适宜外汇市场交易已经著述很多,虽然这无疑没错,但这会让交易者——特别是刚介入外汇市场的交易者,认为所有的技术工具对所有主要货币对都能同等使用。从盈利角度来看,这么想可能非常危险,而且会诱使交易者寻找传说中的万金油:一种神奇的技术工具或研究就能一劳永逸解决所有货币对问题。无论交易过多长时间外汇的人都会认识到,像美元/日元和美元/瑞士法郎的交易方式从本质上来说就不同。

那为什么还指望万能技术方法能带来稳定的交易结果呢?如果交易者认识到主要货币对的不同,并对其采取不同的交易策略,他们就很可能提高、改善交易结果。本章会讨论主要货币对的一些不同之处,并推荐一些最适合每种货币对行为趋向的技术方法。

大人物

据国际结算银行对外汇市场活动的最新调查,目前交易最多的货币对是欧元/美元,占全球日交易量的28%。因为欧元交叉盘(如欧元/英镑)、欧元/瑞士法郎和欧元/日元的交易量,欧元/美元获得了更多的收益,而且这种收益总是与美元的方向相反。例如,在对美元不利的情况下,欧元会获得美国大盘卖空带来的潜在买盘,但流动性低的美元货币对(如欧元/瑞士法郎)会借流动性高的欧元交叉盘卖

第26章 根据外汇特性定制自己的技术方法

出,这样就导致欧元/美元卖盘,对欧元/美元市场提供了欧元。

这种双向收益相对于其他主要美元货币对而言总是会放慢欧元的运行,使欧元成为短期交易者的理想市场,让他们能够利用盘整时机。另一方面这种程度的流动性也意味着欧元/美元会经历长期且看来无法确定的技术层试探——无论技术层是由趋势线分析还是斐波那契或艾略特波浪计算而得出的,这就表示突破上行的交易者需要容忍更大的佣金失误:20点~30点(在区分技术层突破时,点是外汇交易的最小增量)。衡量欧元/美元是否突破上行的另一个方法是看看流动性低的欧元/瑞士法郎和英镑/美元,如果这些货币对打破了等价位的技术水平,例如最近的日最高价,那么欧元/美元稍后也可能会同样行事。如果瑞士法郎和英镑在那些技术水平线上停滞,那么欧元/美元可能也会失势。

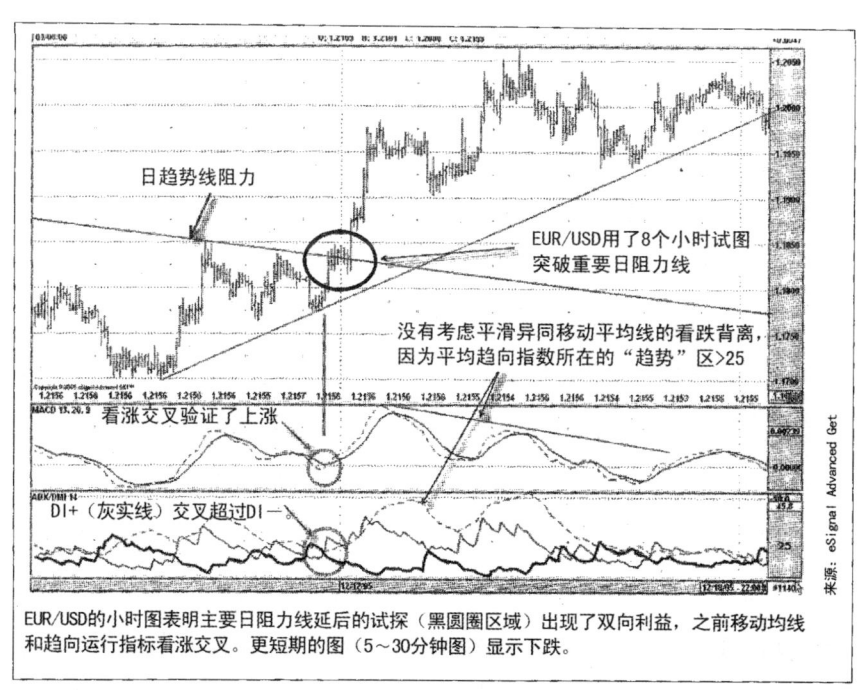

图26-1 欧元/美元小时图:耐心(和长时段)是美德

从技术研究方面来说，欧元/美元压倒性的流动性程度表明动能摆动指数非常适合交易欧元，但交易者应该要调整研究参数（提高时间段），考虑到欧元/美元较缓慢的盘整运行（见图26-1）。从这方面来说，依赖非常短时期的指标（短于30分钟）很可能让交易者遇到锯齿运行，用平滑异同移动平均线研究动能非常适合欧元/美元，原因就在于该指数用了指数移动均线（新价格权重大，旧价格权重小）和第三个移动均线，虚假交叉较少。短期（小时计）动能背离照例会出现在欧元/美元，但要由趋势分析发现的价格突破来验证，说明这是可以付诸行动的交易。发生大幅运行时，交易者也可能发现趋向运行指标系统有助于验证趋势是否就位，这时就不要看动能大小了，或许用DI+/DI-交叉点就会发现其他交易入场信号。

二号人物

下一个交易最活跃的货币对是美元/日元，在国际结算银行2004年的货币市场交易量调查中，占有全球日交易量的17%。美元/日元历来是对政治最敏感的货币对，美国各届政府都用汇率作为筹码与日本进行贸易谈判。美元/日元是代表其他流动性低、监管严密的亚洲货币的地区货币。在这个意义上，美元/日元经常延长交易形成时间，因为交易或地区政治主题（如人民币升值）的展开需要时间。

但对于每日交易来说，美元/日元最重要的特征是受到日本机构投资人和资产经理人的严重影响。由于日本内部的共治文化，包括职位和策略信息广泛共享，日本资产经理人通常在外汇市场对日元采取一致行动，说得具体点就是在赖斯价格或技术水平线上会有一堆订单，加强了这些点的支撑或阻力地位，一旦这些价位被打破，紧接着就是同样一堆止损订单，然后就加剧了下跌。此外，日本投资团集体

第26章 根据外汇特性定制自己的技术方法

进行某一个交易,往往会让市场在很多时候运动加剧,然后又调整订单到新价格水平,例如在价格上涨时提高限价买入订单。

日本资产经理人经常采用的另一个做法就是推迟订单,以期利用大趋势方向上的任何短期反转。例如,如果美元/日元在115.00,而且正在形成上涨趋势,买入订单就会随意设定价格,美元/日元经常在整数位遇到支撑或阻力,即使这些整数位没有其他对应的技术重要性。

看看趋势线

现在看看美元/日元的技术面,前面的讨论说明趋势线分析可能是交易美元/日元最重要的技术工具,因为日本机构订单在技术或价格水平的聚集,美元/日元往往很少出现趋势线的虚假下跌。例如,如果技术水平要被跌破,就要吸收技术阻力线上的大规模卖盘,更大的市场运行要发生时这种情况才可能发生,也表明任何下跌都能持续,美元/日元就成为突破交易者的理想市场,他们在趋势支撑或阻力突破时用止损入场订单。短期趋势线(例如1小时或15分钟)的作用很大,但交易者要在类似的短期基础上操作,日收盘价对美元/日元的意义重大。在图表分析方面,日本机构资产经理人极其依赖蜡烛图(非常依赖日收盘价),交易者最好要学会辨认主要的蜡烛图形态,如十字星形态、上吊形态、镊子顶部和底部形态等(见图26-2)。说到重要趋势反转或暂停,日收盘(东部时间下午5:00)K线是十分可靠的首要指标。

上面对日元的讨论也突出了促成美元/日元在中期(几周时间)形成趋势倾向的几个因素,这就表明交易者应该留意趋势跟踪工具,如移动均线(21天和55天均线使用最频繁)、趋向止损和由韦尔斯·王尔德开发的抛物线系统止损和反转。但动能摆动指数,如相对强弱指数、平滑异同移动均线或随机指数一般应该忽视,特别是日交易中，因为美元/日元的趋势性和机构推动特性。动能指数或许会扭转大势，一般会提示存在潜在交易，但价格行为往往因为机构利益而反转乏力，使交易不划算。美元/日元不会随动能反转，而是频繁落入盘整运行，使动能研究毫无头绪，直至基本趋势重新显现。最后，一目均衡分析（俗称为一目云图）是另一种主要针对日元的趋势辨析系统，能够指出趋势和重要反转。

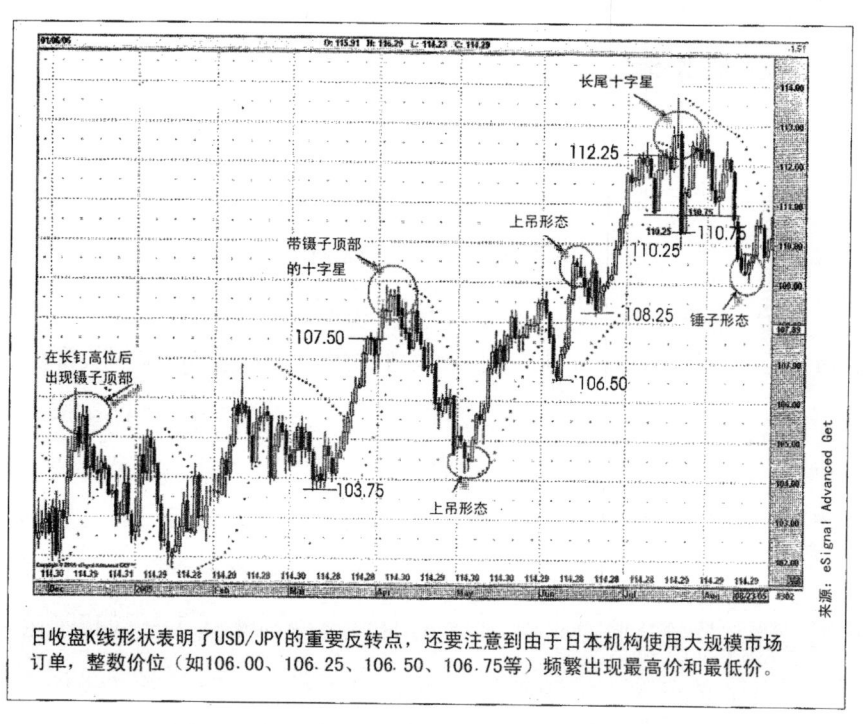

图 26-2　美元/日元日图：蜡烛照亮道路

几个流动性低货币概览

　　介绍了两个交易量最大的货币对，现在来看看两个流动性最差的主要货币对——美元/瑞士法郎和英镑/美元，这都让技术性交易者头疼。因为瑞士作为全球投资港的独特地位，瑞士法郎在主要货币对中

第26章 根据外汇特性定制自己的技术方法

占有一席之地，据称，全球私人资产的几乎 1/3 都在瑞士。瑞士法郎历来在地缘政治不稳定时替代美元扮演所谓安全港货币的角色，但这种作用在冷战结束后被大大削弱。现在，美元/瑞士法郎基本上是根据美元的整体情绪交易，与瑞士的经济基本面无关。瑞士的绝大部分交易发生与欧盟相关，而且瑞士基本面的发展主要反映在欧元/瑞士法郎交叉汇率上，所以瑞士国家银行主要关心法郎与欧元的对价。

美元/瑞士法郎的流动性从来就不太好，使其成为对冲基金和其他投机利益团体寻求最大化美元效用时最喜欢用的代替工具，瑞士法郎的低流动性和高波动性也使其成为美元主要变化的重要领头指标。图 26-3 中的例子是美元/瑞士法郎重要日趋势线支撑最近发生的一次突破，发生在英镑/美元和美元/日元同一价位突破整整一天前。瑞士法郎还会带领短期运行，但美元/瑞士法郎价格的整体波动性和总是见风就是雨的特性会出现技术价格水平的虚假突破。这些假突破往往是止损引起的，止损被激活后，价格在反转前穿过支撑线或阻力线运行 15～25 个点的情况并不少见。在有力的趋向运行中，美元/瑞士法郎总是强烈趋于一个方向运行，与欧元/美元相比很少盘整。

英镑/美元的流动性也不强，部分原因是其点值较高（美元）以及英国贸易相对以欧盟为中心。英镑的很多交易特征与上述瑞士法郎一样，但会对英国基本面数据和美国新闻产生剧烈反应。英镑的价格在大幅运行时也显示了极端的单向趋势，站错队的交易者会因为市场流动性差而走入绝境。

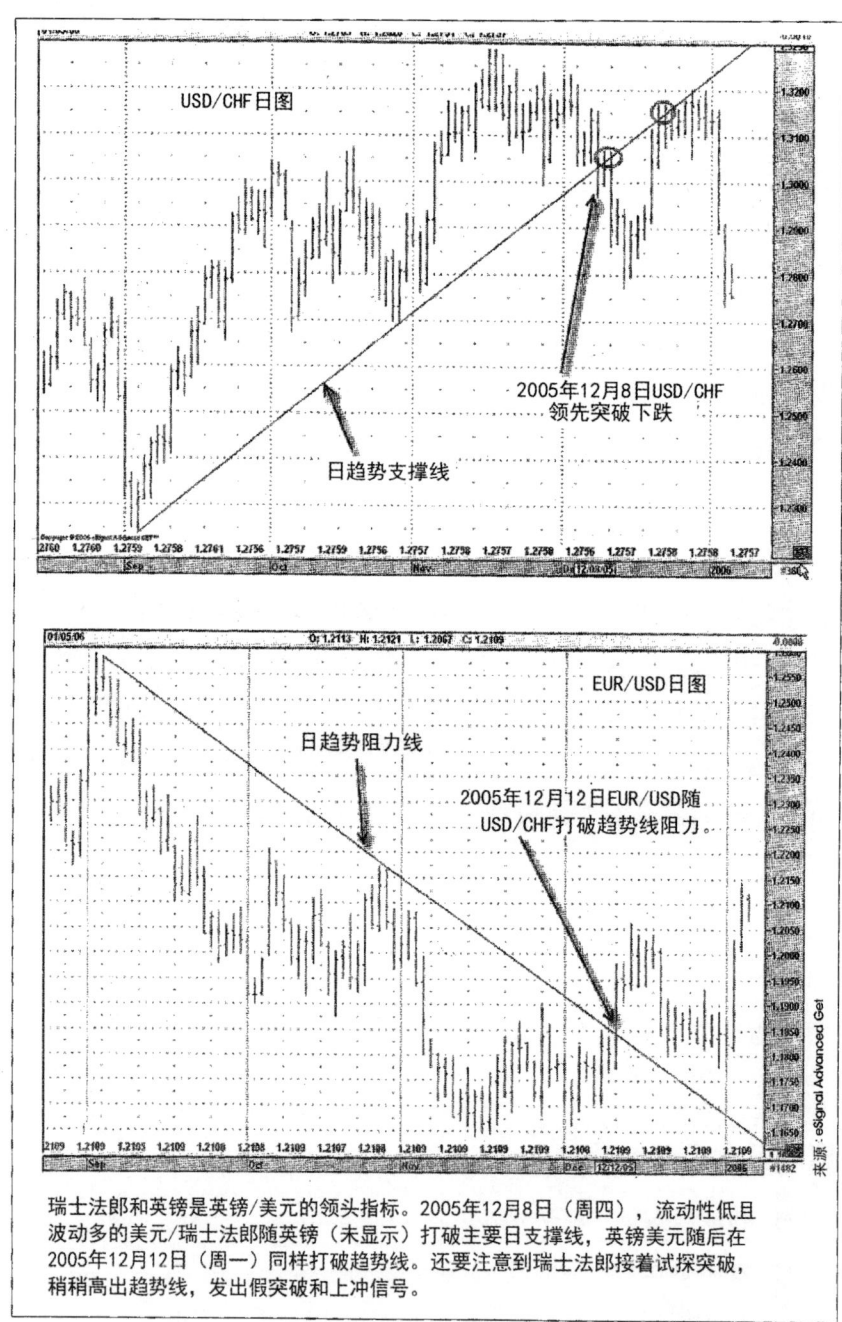

瑞士法郎和英镑是英镑/美元的领头指标。2005年12月8日（周四），流动性低且波动多的美元/瑞士法郎随英镑（未显示）打破主要日支撑线，英镑美元随后在2005年12月12日（周一）同样打破趋势线。还要注意到瑞士法郎接着试探突破，稍稍高出趋势线，发出假突破和上冲信号。

图 26-3 美元/瑞士法郎和欧元/美元日图

关注风险管理

瑞士法郎和英镑的波动性和低流动性告诉交易者，要采用更主动的方法交易这些货币对，特别是涉及风险管理时（即投头寸大小和止损点的关系）。说到技术工具，两对货币在短期图上出现假突破的趋势，因而突破上行交易者在止损入场点上要特别立场坚定，应该考虑更大的失误幅度，在订单上留有 30~35 个点的余地。在这个意义上，短于一小时的趋势线分析往往会产生更多的噪音而不是可交易的突破点，因此要关注更长时间段，才能正确找出有价值的突破；同样，一旦发生突破，超过误差幅度，快速出手的交易者才能抓住这个单向价格运行，这也表明要用休眠止损入场订单降低滑点。对于已经就位、为运行做好准备的人来说，带有加速因素（如抛物线止损和反转）的跟踪止损非常适合操作趋向波动，能够在价格反转出现退出信号时才退出。

由于英镑和瑞士法郎的波动性，在使用短期（1小时或更短）动能摆动指标时会有问题，这些时段经常在价格和动能上出现假交叉和背离。找潜在反转或价格背离时最好用长期摆动指数（4小时或更长）。但在波动性面前，仅仅靠这些很难启动交易，动能指标要经过其他指标验证，如趋势线突破、斐波那契回调或抛物线水平，然后才能启动交易。

英镑和瑞士法郎的巨大波动性一般表现在斐波那契回调价格线上就是回调超过 61.8%，然后停在 76.4%，这时大多数的短期艾略特波浪跟随人已经止损退出。用超过 30 个点的短期长钉反转也能可靠判断趋向运行——特别是日内的——何时完成，这是兑现利润和反趋势交易信号。对于根据长钉反转进行的反趋势调整交易，止损应该在稍超过长钉最低价和最高价的价位。最后一个非常适合瑞士法郎和英镑突发性运行的技术方法就是威廉姆斯%R，这是超买/超买动能指标，往往是价格反转的领先指标。超买和超卖带应该调整到-10和-90，以适应英镑和瑞士法郎的高波动。但与所有超买和超卖方法一样，价格运行要先有反转然后才能启动交易。

想要在货币市场运用技术交易方法的交易者要了解主要货币对交易特性的不同，仅仅因为欧元和英镑交易都是与美元反向，并不意味这两者的交易就完全一样。更深入了解货币的不同市场特性就会知道，某些技术工具更适合一些货币对，而对另一些则不太合适。对货币用特定的技术分析方法比所有货币适用的万能方法更可能带来好效果。

布瑞恩·多兰，美国嘉盛集团分部 Forex.com 的调研负责人。美国嘉盛集团是线上外汇交易的先驱，向 140 多个国家的客户提供外汇交易和资产管理服务，该公司的旗舰服务公司嘉盛英国有限公司为机构投资人服务。Forex.com 是该公司的零售部门，为各种层次的个人投资者提供 24 小时、最低账户资本的免佣金交易以及广泛的教导和培训。美国嘉盛集团和 Forex.com 是商品期货交易委员会的期货佣金商。

本文首刊于 2006 年 3 月的 *SFO*。

第27章　用艾略特波浪找到制胜先机

吉姆·马坦

在交易时想不顾一切赌一把，还是要精打细算风险？

好吧，我想我们在某些程度上都是赌徒，但你不会在拉斯维加斯或亚特兰看见我玩21点，就算我玩了，我会记住牌，确保控制风险。

原因在于，21点是玩牌，只要记住牌，知道还有哪些牌没出，你就能稍稍改变胜算。彼得·格里芬在《21点理论》一书中称，记住牌能让玩家比庄家多2%的胜算，听起来不太多，但长久积累，这看似微弱的优势能够带来成功，这才是大多数人在交易时需要的，即失之毫厘，谬以千里。

我多年来为艾略特波浪国际和索罗斯下属对冲基金分析外汇市场，了解到很多交易者在定期新闻发布前会自动降低头寸。这些新闻会带来自动反应，就像总是打14或总是一副21。问题是对新闻的这些反应并非总是如交易者的预期。

领先于新闻的秘诀

那你想赶在新闻发布前利用市场反应吗？掌握了艾略特波浪分析的基础知识就能让你领先其他所有玩家——我是说金融市场交易者。

由于我为艾略特波浪国际跟踪外汇，我在此主要讲过去几个月的两个外汇交易案例，来说明我如何数波——也就是牌，以提前在定期新闻发布之前利用市场对新闻的实际反应。

我在新闻发布前能准备好的秘诀在于：我在定期新闻发布前的几分钟时间里看图，找到可能位于终点的波浪形态，如果我找到了，就找到了先机。

利用联邦公开市场操作委员会的会议记录

以5月21日发布的联邦公开市场操作委员会4月29~30日会议的记录为例,看着这份会议记录,你会意识到季度利率降低是个关键点,还会认识到美联储董事会成员对未来削减利率没有达成一致意见——即使环境日益疲软。表面上看来,这个信息对美元像是半利好,但因为我在会议记录发布前在外汇图上看到的情况,我的反应可能与你的预想不同(见图27-1)。我提醒了订购我们货币服务的客户。

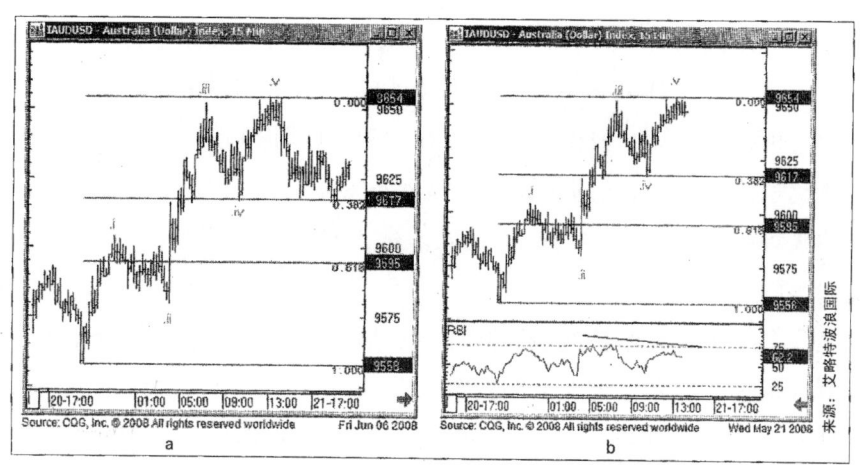

图27-1　在联邦公开市场操作委员会发布2008年4月会议记录之前和之后:澳元指数,15分钟

在会议记录发布前,我写道:"对还未显示力量的美元发出提示信号的唯一市场是澳元/美元,这张图从0.9558起出现了5个波。"对波浪理论信奉者来说,图27-1a澳元/美元出现的5波运行是最基本的图表形态,无论主要趋势是看涨还是看跌,跟着出现的是反趋势运行,而且反趋势运行一般会达到之前第四波的水平(图中的".iv")。

澳元在会议记录发布后即冲高,然后呢?不到一小时,市场下跌近40点,先停在了0.9617——第四波(见图27-1b)。

第27章 用艾略特波浪找到制胜先机

注意,我说了,美元只会逆澳元走势反弹,其他图的波浪形态表明美元对欧元、英镑、法郎和日元走弱,实际上美元对这些货币会继续失利。

首次申请失业救济数据

机会不仅仅存在于美联储会议这样的重要新闻中,我们再来看看4月3日发布的每周首次申请失业救济数字,图27-2是美元指数的另一个5波看涨形态,从".i"到".v"标记。(定期查看经济新闻发布日期,以更好地预测新闻发布。)

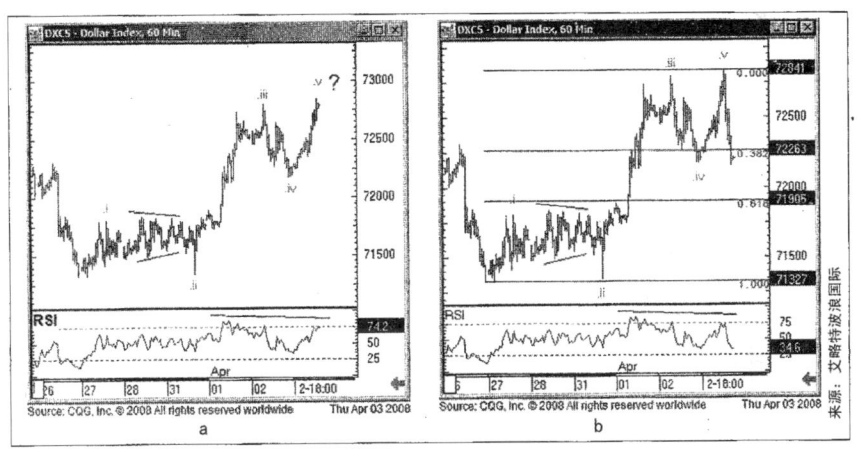

图27-2 美联储发布失业救济人数之前和之后:美元指数,60分钟

在数据发布前的几分钟里(图27-2a),我对客户建议:"美元正在见顶,至少会发生调整。"我之所以得出这个结论是因为我从71.327起发现了5波,在第五波里出现了典型的动能背离。根据看来已经完成的5波形态,新闻发布后"美元显示的任何力量都是赔钱货——短命而且会快回调",而且我认为之前的第四波可能会在72.18形成支撑。

我的确不太看重新闻本身,只关心艾略特波浪形态传递的信息,实际上,我根本不看新闻发布,而是紧盯市场,就像赌徒要看出哪些牌。

最终是美元提前 45 分钟见顶，但直到东部时间早上 8：30 发布时间才真正开始走低。不到 3 小时，美元已经下跌差不多 1%。

消息公布前的简单观察

当然，我根据完整 5 波或 3 波形态得出的结论并非每个都完全精确（谁的预言能这样）。但我一次次发现，如果更注意价格图上的形态而不是新闻发布前的噪音，我就能相当准确地预测新闻发布会后会发生什么情况，而且我一般都认为市场会与大众根据新闻内容所预想的反应有所不同。

例如，美联储说不太可能再次降息，这对美元来说一般是好消息，但美元在我说的一个外汇市场之外的所有外汇市场都与新闻反其道而行。而在我说的那个市场，即澳元市场，美元的确在新闻发布后上涨。

还要注意，美元运行与数据发布一致的告诫，是根据简单的观察，两个例子都是根据艾略特波浪理论的最简单形态——五波运行，深入理解波浪理论甚至会发掘更多机会。

战胜庄家

现在来说说怎么利用新闻打败庄家。如果在数据快要发布前交易确立点很明晰，而许多交易者因为局势不明而退场，一般正是这个时候我们才有先机。错，我们不是因为提前拿到了数据才从大局衡量市场的反应，我们有的是根据价格图表的技术分析，清楚知道市场对数据会如何反应，这些反应才是最重要的。

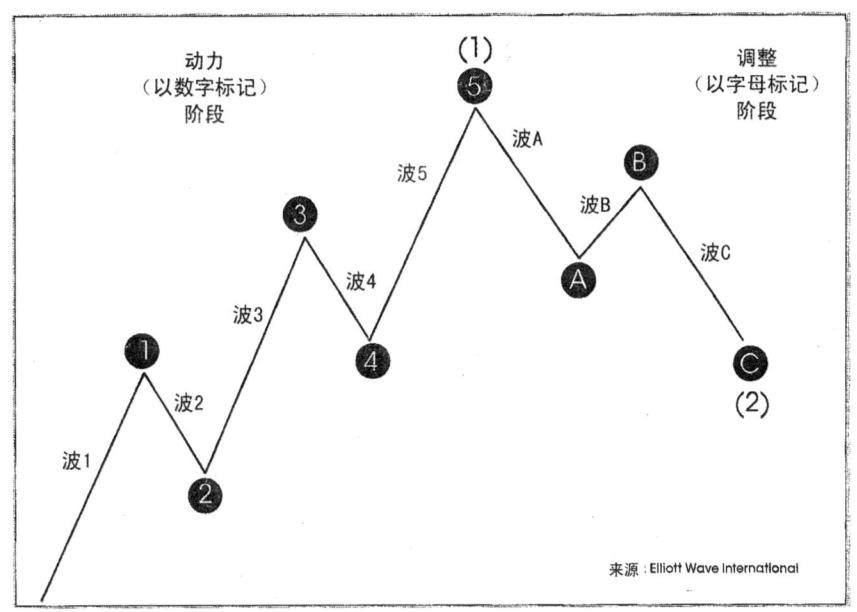

图 27-3 艾略特波浪形态基本内容

艾略特波浪分析是什么

想要知道我在定期新闻发布前如何看价格图,就要了解我所说的"5"和"3"是什么意思。波浪理论本身很简单,如图 27-3 所示。多年监测股票数据后,艾略特发现市场以可预测的形态形成趋势和反转。画了 13 个这样的形态后,他又描述了其如何联系,从而形成更大和更小的版本,他后来称之为波浪理论。艾略特给我们都做好了,我们所要做的就剩下记住这些形态,然后在看到的时候顺势而为。

我在每个例子里都用波浪理论来确定之前的趋势是否要终结,而且继续该趋势是否会造成损失。在玩 21 点时,这就相当于突然发现桌上全是花牌,庄家可能要破产了,这说的就是先机。

吉姆·马坦，艾略特波浪国际的资深货币分析师，1993年加入艾略特波浪国际之前担任大厅经纪商的分析师，掌管商品并负责外汇分析，在2001年到索罗斯旗下对冲基金Nexus资本公司工作。他于2005年回到艾略特波浪国际，在国际货币预测部负责美元汇率和主要交叉盘汇率的全面工作。请访问elliottwave.com了解艾略特波浪国际的更多信息。

本文首刊于2008年8月的 *SFO*。

术语表

算法 在交易系统中进行金融市场的交易决策的一种高级数学模型。

套利 同时买卖（通常是在不同交易所或市场）同一份资产，希望从不同市场里的同一份股票、商品或金融工具的不同价格中获利。

报卖价 卖家愿意接受的证券、期货合约或其他金融工具的价格，亦称为报价。

按此价格或按更好的价格 （1）在购买股票、商品或其他金融工具的委托指令中，以特定价格或更低价购买；（2）在卖出委托指令中，以特定价格或更高价格卖出。

开盘集合竞价指令 规定在市场开盘或交易开始时执行的委托指令，否则就取消委托。并非一定要以开盘的价格执行，但要位于集合竞价的幅度内。

熊市（熊、下跌、看跌） 价格下跌的市场，价格普遍下跌且悲观观点漫延的时期。

Beta 投资波动幅度系数，值越低投资风险越小。

报买价 买家愿意支付的证券、期货合约或其他金融工具的价格。

β系数 单个市场（股票、期货、金融工具）相对于整个市场的波动系数。

布林带 技术分析师用于指示市场超买超卖的方法，包括上方的固定线和下方的简单移动均线，波动大时带宽加大。

登记 交易处理的过程，虽然还没有资金，但系统已经记为在将来交割。

账目 自动系统处理金融交易的记录，亦称为记录。

中断 价格急剧下跌。

收支平衡点 （1）收入和损失相同的点；（2）期权市场必须达到的一个价格，买入者在行权的时候才不至于亏损。

经纪人 （1）收取费用或佣金代替其他人或公司执行其买卖指令的个人或公司；（2）商品期货交易的场内经纪人，在交易所大厅现场执行指令。

经纪费 经纪人执行交易收取的费用。

牛市（牛、上涨、看涨） 价格上涨的市场。认为价格会继续上涨的交易者被称为股市看涨的人。

买进 为抵销、补差或结束卖空仓位的购买。

买入止损订单 价格高于目前出价时买入的指令，当市场价格触及或越过买入止损价时启动。

看涨期权 许可所有人可以（并非必须）在确定的将来某日以特定价格买入商品或其他金融工具的公开交易合约。

蜡烛图 包括交易期内开盘价、收盘价和移动方向信息的价格图，亦称为日本蜡烛图，日本自18世纪起就利用该方法分析米市，名称亦沿用至今。

清算经纪人 商品交易所的成员，通常是结算公司，其他经纪人或客户通过其结算全部或部分交易。

现货市场 商品、证券、外汇和货币市场的现货合约的买卖市场，各自对应有期货和衍生品合约市场。

图表 市场技术分析利用图和表描绘价格走势、交易量和持仓价格。

结清 交易正式完结。

闭市 交易期的结束，交易在此期间被认为已经结束。

收盘价 一天即将收盘时的交易价格。

收盘范围 闭市时交易的近似价格范围，闭市时的买卖指令可能在此范围内的任何价格成交。

佣金　（1）经纪人因为执行某项职责如买卖期货合约而向客户收取的费用，佣金必须公平合理，考虑到交易的所有相关因素；（2）有时指美国商品期货交易委员会（CFTC）。

商品　可能在未来执行的交易或商业的实体、服务或权利。目前交易的合约包括小麦、玉米、棉花、牲畜、铜、黄金、白银、石油、丙烷、胶合板、货币、短期国库券、长期国库券和股指。

商品渠道指数（CCI）　技术分析中的一种摆动指数，用于决定投资工具是否被超买和超卖，量化了资产价格、价格移动均线和平均值标准偏差的关系。

商品期货交易委员会（CFTC）　根据《1974年商品期货交易委员会法案》设立的联邦机构，以保证期货市场公开有效运行。

有条件订单　在满足特定条件时才会自动提交或取消的订单。

堵塞　市场进行盘整运行。

盘整　技术分析术语，指交易活动暂停，价格横向运行，为下一步的运行做准备。据称交易者在盘整时会评估自己的仓位。

合约日　双方达成合约的日期。

合约月　期货合约约定进行交割的月份。

合约　（1）至少两方在某种条件下针对某种产品买卖达成的合意，双方因此形成法律上的权利和义务；（2）指商品交易的一个单位。

倾轧　确保控制一个市场进而操作价格。

调整　技术分析术语，价格逆市场的主要趋势反应。有时指回调。

平仓　用等值反向操作抵销先前的期货、证券或其他金融工具的开仓交易。空头平仓是买入数量相同并且月份相同的合约来抵销之前的卖出开仓。多头平仓是为抵销买入交割义务而进行的抛售。

备兑　空头拥有标的证券的投资策略。

借方价差　购入一种期权，并同时卖出另一种股权用以对冲，当组合过期不执行时有收入进账。

交叉套利　在不同但相关的期货或其他衍生品市场进行现金工具套利。

交叉汇率 与同一种第三种货币比较的两种外币之间的兑换汇率。

货币 在经济体内流通的交换中介，也指一国货币交换的官方单位。

货币重估 主管货币的有权机构根据另一种货币价值改变本国货币价格。

日订单 在下单当日如果没有执行则自动在交易段结束时失效的订单。

日内交易人 在市场建仓并在交易日结束前清算的交易者。

交易 买卖货币的协定。

交易量 货币和货币买卖的数量乘以交易价格的值。

交易日 交易达成的日期。

交易价格 国际标准化组织的货币代码术语和交易的价格或百分比价格。

交割风险 在所有外汇交易中，相关国外货币结算公司和国内实际结算公司之间的交割风险。

delta 式对冲 在同一外币上反向开放货币点部位部分抵销货币期货的兑换风险。

衍生品 其自身价值米自于或联系到基础金融资产，如股票、债券、货币或抵押的复杂投资。衍生品会在交易所挂牌交易，也会在场外私下之间交易。例如，衍生品可能是期货、期权、抵押证券。

贬值 政府依照其他国家货币降低其本国货币价格。贬值会造成货币汇率大幅降低。

直接汇率 外币与本国货币相比的价格，亦称为直接报价。

打折经纪人 佣金低于全面服务经纪人的经纪人。

贴现率 联邦储备系统银行成员收取的贷款利息率，该利率会影响金融机构向其客户收取的利率。

背离 资产价格和指标、指数或其他相关资产反向运行，可能利好或利空，在技术分析中用于投资决策。

回撤 在特定交易期间从高峰到低谷的下跌，通常会以百分比表示。

权益曲线 描绘账户价值上升、下跌曲线的图。

弹性 指供应、需求和价格之间的互动特性。商品需求有弹性是指价格变化会造成消费提高或降低；如果供求对价格变化反应不大，则表明供求缺乏弹性。

电子交易 通过电脑对金融资产的买卖双方自动匹配，例如 GLOBEX、Project A 和 Access。

汇率 一种货币与另一货币货币交易的价格，以另一国货币表示一国货币的价格。（1）直接牌价：用本国多个货币单位显示另一国一个货币单位的表达法；（2）间接牌价：用多个外币单位显示本国一个货币单位的表达法。

汇兑风险 外币中资产的市场浮动风险或债务，如持有货币（即期或远期）或外币中的应付交易款。

执行 （1）完成交易指令；（2）执行指令。

实施日和行权价 执行期权的最后一天，以及在该日及以前市场买卖期权的币种和价格。

实施 实施期权就是买方决定按照期权的行权价接受标的产品。

到期日 一般指可以实施期权或执行交易的最后一天。

风险暴露 由于市场价值、利率或汇率的变化而可能引起的价值损失。

Fed 美国联邦储蓄银行的简称。

联邦公开市场操作委员会（FOMC） 美国联邦储蓄银行的一个委员会，进行货币供应操作的决策，主要目的是购买和销售政府证券，提高或降低货币供应，同时也规定主要利率，如贴现率和联邦基金利率。

联邦储备 美国央行，制定货币政策。美联储和 FOMC 监控货币供应、利率和贷款，目的是维持美国经济和货币稳定。亦被称为美联储。

执行指令 完成证券或商品指令（如买或卖）。

固定汇率制度 国家货币制度，每个政府尽力维持本国货币相对于其他货币的价格。

灵活（或浮动）汇率制度　货币汇率由供求决定的制度。

场内交易人　交易所成员，亲自在交易所大厅进行自己的交易。

地面　（1）金融市场获准下跌的最低比率；（2）交易所大厅。

国外债券　一国实体向另一国实体发行的债券，以另一国的货币币种表示。

国外央行　实体所在国之外的中央银行。

外币　（1）本币外的货币；（2）在支付流程范围内，除本币外的所有货币都是外币。

外币汇兑　用一国货币兑换另一国货币，两国之间用于支付的资金工具。交易外汇衍生品，如远期、期权和掉期。亦称为外汇。

收盘汇率　交易结束时外汇的汇率。

外币汇兑市场　外币买卖并决定货币汇率的市场，亦称为外汇市场。

外汇财务状况表　说明客户持有的外汇合约和头寸的报告。

外国收入转移　不同国家两个银行之间的资金转移。

外汇记录部　金融机构里记录每种货币外汇交易的部门。

远期　金融工具未来的比率或价格。

期货折扣　货币较低远期价格和较高即期价格之间的价差，按年度化百分比表示。

远期汇率　交易者同意在未来日期执行的货币兑换合约。与远期汇率相比，时间一般有一个月、两个月、三个月或六个月长，经常表示为30日远期、60日远期等。

购买（出售）远期外汇　包括所有在未来日期外汇买卖的账户。

远期限额　外汇合约中所允许的交易对手的最大信用风险。

远期市场　在未来某日交割货币的外汇市场。

远期点数　某种外币即期汇率和远期汇率的差额，以点数表示。

远期升水　货币较高远期价格和较低即期价格之间的差额，以年度百分比表示。

远期汇率　即期日之后的交割汇率。

远期价差　远期外汇掉期合约和远期即期外汇的加价或折扣。

远期交易　在未来日期进行实际交割和结算的交易，会发生在商品、外汇、股票、债券和期货市场。

摩擦　市场交易相关的直接和隐含成本。

基本面分析　研究影响市场供求、整体经济、行业状况等的根本因素的市场分析方法。

期货合约　在未来某一时间买卖特定数量和特定质量等级的商品的标准化合约。期货合约可自由转让，只能在指定交易所公开竞价交易。

期货期权　在期货合约上设定的期权。

撤销前有效的买卖订单　按照设定价格买入或卖出某种证券的有效订单，除非被客户取消或成交。

对冲　为降低风险在价格运行相反方向做所的投资。

对冲交易　交易商和交易者以及农民、制造商和其他生产商针对外汇、商品和证券运用的交易策略，以防汇率和市场价格的严重波动。现在的卖或买会被未来特定时间的买或卖合约冲抵。

价内期权　有内在价值的期权，如果行权价低于目标期权合约的现价，则买权为价内期权；如果行权价高于目标期权合约的现价，则卖权为价内期权。

无弹性　是指供应、需求和价格各自独立的特性。如果价格变化不会引起消费增减则表明商品缺乏弹性；供应和需求对价格变化不产生什么反应则表明缺乏弹性。

初始保证金　在建立期货或外汇仓位时需要客户缴纳的资金，期货或外汇市场的保证金不属于首付款，而证券市场的保证金则属于。

国际货币基金组织　布雷顿森林协定产生的机构，意在推动二战后的国际货币合作。该组织提供贷款和其他服务，以稳定全球货币，促进交易秩序和平衡。组织成员国在需要时会获得外汇，就能调整收支平衡而货币不用贬值。

ISO 货币代码　用三个字母的缩写表示一国货币的国际标准化

方法。

流动市场 有大量有意的买卖方存在因而买卖很容易的市场。

流动性 资产变现的容易程度。

多头套期保值 买入期货合约以防商品价格可能上涨，参见对冲交易。

净多头 同一货币的资产（和/或期货购买合约）多于负债（和/或期货购买合约）。交易商买入超出卖出的部分使其成为净多头。

看多 拥有（买入）证券、货币、期货合约、商品或衍生品。

M1 货币供应的一类，包括所有硬币、流通中的货币和活期存款（即支票存款和可转让支付命令活期存款）。

M2 货币供应的一类，包括M1、所有定期存款、储蓄存款、居民的货币资金。

M3 货币供应的一类，包括M2、所有大额定期存款、机构的货币资金、短期购买协议和某些其他大型流动资产。

有管理的浮动汇率制 政府干预对汇率确定有重要作用的灵活外汇体制，亦称为肮脏浮动。

补充保证金通知 经纪公司或结算公司要求客户或结算成员补充保证金，已满足交易所规定的最低额要求。

保证金 （1）在期货和行业，期货合约买卖双方存入一定金额的资金，已担保对合约的操作；（2）在股市指必须准备的购买证券的一定量现金。

市场套利 在不同市场同时买卖同一种证券、期货或其他金融工具，以期利用两个市场间的价差。

市价订单 买卖证券、期货合约或其他金融工具的订单，并能以尽可能最好的价格立即成交。相反，有限订单则指对成交的价格或时间有具体要求。

加价 交易商中当前最低价报价和交易商收取客户的较高价格之间的差价。

移动均线 一定时期的价格平均值。价格随时间改变，降低了数据的波动性。移动均线强调趋势方向，验证趋势反转，平缓价格和交易量波动，避免对市场反应的含义迷惑不清。

报买价 愿意以一定价格出售的意思表示，亦称为询问或询价。与其相对应的是递盘。

抵销 （1）通过出售期货合约、远期或其他金融工具而清偿所买入的同等数量、同一交割月的期货合约、远期或其他金融工具；（2）通过购买远期期货或其他金融工具来冲销买空同等数量、同一交割月的远期期货或其他金融工具。两种操作都将交割实际金融工具的义务转嫁给了其他人。

线上经纪人 通过互联网提供服务的证券、期货或期权的散户经纪人。

开市 交易节点开市的时间，此时认为所有交易都"开门营业"。

现有货币头寸 （1）现有货币即期头寸和远期头寸之和；（2）现有货币头寸是以外币表示的资产和负债差额，再加上外汇购买和销售额，用于衡量外汇风险。

持仓量 还未完结或交割的期权或期货合约总量。

开盘区间 开市交易中价格紧密联系形成的范围。开始的买卖单可能会在此范围内的任何一点成交。

期权合约 在未来特定日期买卖特定数量基本工具的权利（而非义务）。期权的卖方有义务（在看跌期权中）出售基本工具或行使期权时从期权买入人手中以交割价买入。

期权远期购买 以一定价格在两个未来特定日期之间购买外币。

期权远期销售 以一定价格在两个未来特定日期之间出售外币。

价外期权 订约价高于基本资产市场现价的看涨期权或订约价低于基本资产市场现价的看跌期权。

场外交易市场（OTC） 在有组织的交易所外进行的金融工具交易，包括在做市商之间及做市商和客户之间进行的交易。

场外交易衍生品 一种金融工具，意在跟踪商品、股票、债券、货币或其他在场外或有组织的交易所外交易的基准的回报。

超卖 负的现有货币头寸。

面值 以黄金衡量的货币官方价值。

公平 地位平等。

固定汇率 一国央行通过买卖货币从而稳定货币价值，金本位固定了一国货币对黄金的价值。

点 汇率差单位，银行间市场最小的价格增量变化。

场内 一些交易所交易大厅内特别构建的场所，可以公开喊价交易。其他交易所里用"环形交易台"表示该交易区。

权利金 购买人未获得期权合约向出卖人（授权人）支付的资金、证券或财产。

价格限制 根据交易所规定，期货可以在前一天的计算价格基础上上涨或下跌的最大值。

保护性止损 如果价格达到预先确定的水平则退出交易的指令，意在防止极端损失。

下拉 价格从最高点下跌。

报价 证券、商品、期货、期权、货币或其他金融工具在特定时间的实际价格、递盘或询价。

上涨 价格上行。

幅度 某时期最高价和最低价之间的差。

回落 价格的短期反趋势运行。

申报货币 申报单位的财务报表所用的货币。

阻力 趋势徘徊的价格水平。由于卖盘多于买盘，市场停止上涨，与其相反的是支撑线。

风险管理 控制和监测银行、金融机构、商业实体或个人的风险。

结算价 （1）收盘价，或收盘价范围之内的价格，用于决定闭市时净收益或损失的官方价格；（2）根据合同金额所支付的款项。

空头回补 反向操作或了结卖空头寸。

空头 卖出现金商品、商品期货合约或其他金融工具的人。反之，多头就是买入现金商品或期货合约的人。

术语表

滑点 价差改变造成的预计交易成本和实际支付成本之间的价差。

投机商 试图参与价格变化并从金融工具买卖中获利的人。

即期市场 立即交割并以现金付款的商品或外汇买卖市场。

即期 到期日即为即期。

即期价格 某种现货商品或金融工具能够立即买卖的实际价格。

价差 (1) 购买一种期货合约并同时卖出另一种期货合约，利用偶尔出现的非正常价格关系盈利；(2) 报价时，买卖盘的价格差；(2) 两个或更多价格之间的差额。

止损限价指令 一旦达到特定价格，就变为限价指令的指令。

止损指令或止损 只有在股票或商品达到客户指定的价格时，才被激活变为有效订单的休眠订单。抛盘止损低于市价，买盘止损高于市价。

行权价 投资人能够买卖期权标的金融工具的特定价格。期权合约约定的汇率、利率或市场价格。

供应 消费者能够买到的货物或服务总量。

掉期交易 同时买卖交割不同外币的交易。

技术分析 分析市场的一种方法，是根据算术形态预测市场价格的趋势。技术分析师通常研究价格范围的形态、变化率、交易量变化和未结权益，研究数据会通过图表表现，显示作为未来价格可能走势指标的趋势和形态。

三角套汇 利用两种货币的直接汇率和与第三种货币的交叉汇率之间的差额进行套利。

交易系统 根据预先确定的指标和其他标准所显示的屏幕信息买卖股票的方法。

跟踪止损 按照预先确定的价格退出交易的指令。跟踪止损在市场有利交易者时，按照确定的量，一个基点一个基点地跟踪股票，以保证获利不会变为亏损。

交易成本 (1) 谈判、监督和履行合同的费用；(2) 执行金融交易的总成本。

趋势线　连接趋势中一系列最高点或最低点的线。趋势线可代表支撑线（积极趋势线）或阻力线（消极趋势线）。

真实幅度　将跳空幅度引入计算造成价格跳空的幅度边界（价格条最高价减去最低价）。

波动率　（1）预计汇率在一定时期内波动的量；（2）根据一段时间的每日价格表现所确定的商品价格上升或下跌的量。

交易量　在特定时期内合约、股份或其他金融工具的交易数量。